초등 한자
만점의 신

김기만 글 | 김소희 그림

사계절

차례

한자 공부를 시작하기 전에   5

1. 고조선 ············ 11
2. 부여·옥저·동예 ··· 29
3. 고구려 ············ 35
4. 발해 ············ 63
5. 백제 ············ 71
6. 가야 ············ 87
7. 신라 ············ 93
8. 후삼국 ············119
9. 고려 ············125
10. 조선 ············175

한자 공부를 시작하기 전에

1. 한자는 어떻게 만들어진 걸까요?

먼 옛날 사람들은 언제 사냥을 하면 많이 잡을 수 있을지, 언제 왕의 아들이나 딸을 결혼시켜야 잘 살 수 있을지, 언제 전쟁을 하면 이길 수 있을지 궁금한 게 많았습니다. 그래서 점을 치기 시작했는데 그 결과를 거북의 등딱지나 동물, 특히 소의 뼈에 많이 새겨 두었습니다. 이렇게 새겨 둔 것을 '갑골문'이라 하는데 이것이 수천 년 동안 변하면서 오늘날 우리가 쓰는 한자가 되었습니다.

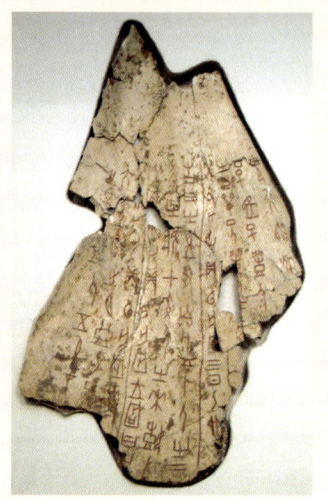

중국 갑골문

2. 한자는 어떤 특징에 따라 나눌 수 있을까요?

사람들의 몸속 혈관을 도는 피는 그 특징에 따라 O형, A형, B형, AB형 등으로 나누는데, 이를 '혈액형'이라고 합니다. 한자도 혈액형처럼 나눌 수가 있습니다. 한자는 모두 6가지 종류라 '육서(六書)'라고 합니다. 여기서는 대표적인 상형자, 지사자, 회의자, 형성자 4가지를 살펴봅니다.

① 상형(象形): 눈으로 볼 수 있는 모습을 그림으로 표현해 만든 글자입니다.

(예) 山 메 산: 뾰족하게 솟은 봉우리 3개를 나타냈습니다.

※ '메'는 우리 고유어로 '산'을 뜻합니다.

② 지사(指事): 눈으로 볼 수 없는 생각이나 공간 등을 부호나 점, 선을 써서 나타낸 글자입니다.

(예) 上 위 상: 땅 위에 해가 있듯이 기준선 위에 무언가 있음을 나타냈습니다.

· ⇨ 亠 ⇨ 上

③ 회의(會意): 본래 있던 글자의 뜻을 여러 개 결합해 새롭게 만든 글자입니다.

(예) **人(사람 인)** + **木(나무 목)** = **休(쉴 휴)**: 사람과 나무를 결합해서 **사람**이 **나무** 근처에서 **쉬고** 있다는 뜻입니다.

④ 형성(形聲): 본래 있던 글자의 소리를 다시 사용해 새로운 글자를 만든 것입니다.

(예) **水(물 수)** + **靑(푸를 청)** = **淸(맑을 청)**으로 기존 글자인 靑의 소리인 '청'을 똑같이 사용해 새로운 글자인 淸의 소리를 '청'으로 읽습니다. 이 때 새로 만든 한자의 음이 기존 한자의 소리와 같지 않을 때도 있습니다.

3. 한자 공부를 하다 보면 부수가 나오는데, 부수가 뭐예요?

동쪽을 나타내는 동(東)과 숲을 나타내는 림/임(林)에는 '나무 목(木)'이라는 한자가 공통으로 사용되고 있습니다.

이처럼 한자의 모습을 분석해서 서로 공통되는 부분이 있는 글자들을 중국의 허신이라는 학자가 정리했습니다. 이것을 '부수'라고 합니다. 그런데 부수는 한자를 쓰는 나라마다 다를 수가 있습니다. 그러니 너무 절대적이라고 생각하면 안 됩니다.

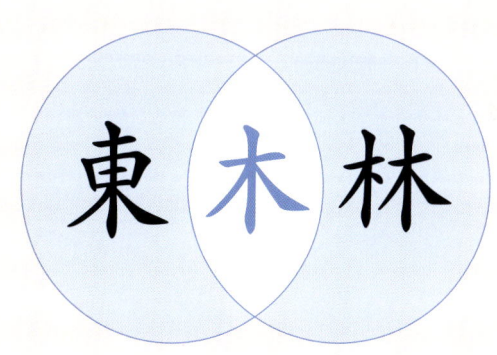

4. 부수는 본래 글자 모양 그대로 사용하나요?

부수는 흙 토(土)처럼 본래 글자 모양 그대로 사용하기도 하고, 물 수(氵)처럼 모양을 바꾸어 사용하기도 합니다.

본래 모양	바뀐 모양 (변형 부수)	예	본래 모양	바뀐 모양 (변형 부수)	예
人 사람 인	亻, 儿	休 쉴 휴 兄 맏 형	心 마음 심	忄, 㣺	情 뜻 정 慕 사모할 모
水 물 수	氵, 氺	江 강 강 泰 클 태	刀 칼 도	刂	利 이로울 이/리
手 손 수	扌	打 칠 타	羊 양 양	𦍌	美 아름다울 미
火 불 화	灬	熱 더울 열	肉 고기 육	月	育 기를 육
艸 풀 초	⺿	花 꽃 화	邑 고을 읍	阝	郡 고을 군

5. 한자 쓰는 순서도 있나요?

한자를 편하고 빨리 쓸 수 있는 방법을 '필순'이라고 합니다. 절대적인 것이 아니므로 필순에 따라 쓰지 못해도 잘못된 것이 아닙니다.

① 위에서 아래로 쓴다.

② 왼쪽에서 오른쪽으로 쓴다.

③ 가로획부터 먼저 쓰고 세로획을 쓴다.

④ 꿰뚫는 것은 나중에 쓴다.

丨 口 口 中

⑤ 받침은 나중에 쓴다.

一 厂 斤 斤 斤 沂 沂 近 近

⑥ 오른쪽 위의 점은 맨 나중에 찍는다.

一 ナ 大 犬

⑦ 좌우 모양이 같을 때는 가운데부터 쓴다.

亅 小 小

⑧ 삐침(丿)과 파임(乀)이 만나면 삐침을 먼저 쓴다.

丿 人

⑨ 바깥쪽부터 먼저 쓰고 안쪽은 나중에 쓴다.

丨 冂 冂 冂 冋 同 同 囗 國 國 國

신선 神仙 신비한 능력을 지닌 상상의 사람.
준법정신 遵法精神 법을 지키려는 정신.

신 신 10획

보일 시(示)는 하늘에 제사를 지낸 제단을 나타냅니다. 그래서 보일 시(示)가 한자에 사용되면 빌 축(祝), 제사 제(祭), 귀신 신(神)처럼 보통 신, 제사, 귀신과 관계있습니다.

神 神 神 神 神 神 神 神 神 神

神

신선(神仙), 땅으로 내려오다

태백산 太伯山 환웅이 내려왔던 산 이름.
적토성산 積土成山 '흙을 쌓아 산을 만들다'라는 뜻으로 작거나 적은 것도 쌓이면 크게 되거나 많아짐을 말함.

메 산 3획

태백산(太伯山)으로 내려오다

소문 所聞 '들리는 것'이라는 뜻으로 사람들 입에 오르내리며 들리는 말.
청문회 聽聞會 '소식을 들으려고 모이다'라는 뜻으로 주로 국가 기관에서 어떤 결정을 내리기 전에 관계된 사람들의 의견을 듣는 것을 말함.

들을/소식 문 14획

聞 聞 聞 聞 聞 聞 聞 聞 聞 聞 聞 聞 聞 聞

聞								

환웅의 소문(所聞)을 듣다

인간 人間 '사람 사이'라는 뜻으로 '사람'을 일컬음.
안하무인 眼下無人 '눈 아래에 사람이 없다'라는 뜻으로 남을 무시하는 경우에 쓰는 말.

사람 인 2획

인간(人間)이 되고 싶은 곰과 호랑이

그게 뭔데요? 초콜릿?

어휴, 쑥하고 마늘이잖아. 무식하긴.

이거 아침, 점심, 저녁, 세 번씩 먹어. 시간 꼭 지키고.

일주일 뒤.

캬악!

퉤

웩, 도저히 못 먹겠다! 그냥 고기 먹고 살래! 나, 인간(人間) 포기!

좀 참아 봐. 먹을 만한데.

너나 인간(人間) 돼라.

빠이

우물 우물

여자 女子 여성으로 태어난 사람.
여권 신장 女權伸張 정치·사회·법률적으로 여성의 권리와 지위를 늘리는 일.

여자 녀/여 3획

여자(女子)가 되다

아들 자 3획

남자 男子 남성으로 태어난 사람.
삼척동자 三尺童子 '키가 석 자(약 90cm)인 아이'라는 뜻으로 어린아이를 이르는 말.

↳ 삼 척: '석 자'라는 뜻으로, 한자로 석 삼(三), 자 척(尺)입니다. 길이를 잴 때 '자'를 사용합니다. 10cm, 30cm짜리 등이 있는데, 자 척(尺)은 약 30cm 자를 말합니다. 그래서 석 자는 약 30cm×3으로, 약 90cm가 됩니다. 그리고 '내 코가 석 자'라는 속담이 있습니다. 이 말은 '내 콧물이 석 자(약 90cm)나 흘러 다른 사람보다 내가 더 급하다'라는 뜻입니다. 이 속담을 나 오(吾), 코 비(鼻), 석 삼(三), 자 척(尺)을 써서 '오비삼척(吾鼻三尺)'이라고 합니다.

子子子

子							

남자(男子)아이 단군, 태어나다

미래 未來 아직 오지 아니한 때.
미래상 未來像 미래의 모습.

아닐 미 5획   끝 말(末)과 모양이 비슷하니 주의해야 합니다.

未 未 未 未 未

未							

미래(未來)를 보는 매직 구슬

부족 部族 '떼를 이루며 다니는 겨레'라는 뜻으로 원시 사회나 미개 사회의 구성단위.
백의민족 白衣民族 '흰옷을 입는 민족'이라는 뜻으로 우리 민족을 가리키는 말.

겨레 족 11획

族 族 族 族 族 族 族 族 族 族 族 族

族

곰 부족(部族)과 호랑이 부족(部族)

안녕하십니까? '먼 미래 그것이 알고 싶죠?' 시간입니다.

하늘에서 신이 내려오고, 곰이 사람이 되고 이게 말이 됩니까? 오늘 그 진실을 알아보기 위해 '뭐든지 알아' 박사님을 모셨습니다.

역사적으로는 환웅 부족(部族)이 새로운 땅에 도착했는데, 그곳에 마침 각각 곰과 호랑이를 섬기는 두 부족(部族)이 있었던 거죠.

그럼, 호랑이가 도망간 것은 어떻게 해석해야 하죠?

그건요~.

전쟁 戰爭 싸우고 다툼.
쟁점 爭點 '서로 다투는 점'이라는 뜻으로, 무역 쟁점은 무역에서 서로 다투는 부분이라는 말.

다툴 쟁 8획

다른 모양의 두 손(爫와 ㅋ)이 亅(남의 땅이나 물건)을 서로 가지기 위해 잡아당기고 있는 모습입니다.

부족 간의 전쟁(戰爭)

조선 朝鮮 '아침이 곱다'라는 뜻으로 단군이 세운 나라 이름.
조삼모사 朝三暮四 '아침에 3개, 저녁에 4개'라는 뜻. 원숭이에게 먹이를 아침에 3개, 저녁에 4개 주자 원숭이들이 화를 내기에 아침에 4개, 저녁에 3개로 바꾸었더니 원숭이들이 좋아했다는 데에서 온 말로, 간사한 꾀를 써서 남을 속이는 경우를 뜻함.

아침 조 12획

朝 朝 朝 朝 朝 朝 朝 朝 朝 朝 朝

朝

조선(朝鮮)을 세우다

고조선 古朝鮮 단군이 세운 나라.
고분 양식 古墳樣式 '옛 무덤의 모양과 형식'이라는 뜻으로 고대 무덤들의 독특한 형식을 말함.

옛 고 5획

열(十: 열 십) 사람의 입(口: 입 구)을 거칠 만큼 시간이 많이 지났다는 의미에서 '옛날'이 됩니다.

古 古 古 古 古

古							

고조선(古朝鮮)

이유 理由 이치와 까닭.
흑백 논리 黑白論理 '검은색과 흰색으로 보는 생각'이라는 뜻으로 모든 문제를 선과 악 등 극단적으로만 구분하고 중립적인 것을 인정하지 아니하려는 편중된 사고방식.

이유 리/이 11획   일반적으로 맨 앞에 위치하면 '이'로 읽고, 어떤 글자 뒤에 있으면 '리'로 읽습니다.

理理理理理理理理理理理

理							

고조선이라 부르는 이유(理由)

청동 靑銅 '푸르스름한 구리'라는 뜻으로 구리로 만든 물건에 푸르스름한 녹이 끼어 있어 청동이라 부름.
고려청자 高麗靑瓷 고려 시대에 만든 푸른빛을 띤 도자기.

푸를 청 8획

靑 靑 靑 靑 靑 靑 靑 靑

靑							

고조선 초기는 청동(靑銅)기 시대

청동靑銅 드릴 세일

청동 드릴

청소년 할인

엄마, 나 저거 사 줘요.

아가야, 청동(靑銅)은 신분이 높은 사람만 가질 수 있는 귀한 물건이란다.

청소년 특별 할인!

아빠한테 말해서 돌로 만든 돌칼을 사 줄게.

힝~

많을 다 6획

다양 多樣 '많은 모양'이라는 뜻으로 여러 가지 모양이나 양식을 말함.

다다익선 多多益善 '많으면 많을수록 더욱 좋다'라는 뜻. 중국 한(漢)나라의 장군 한신이 황제와 군사를 다루는 능력에 대해 이야기할 때, 황제는 10만 정도의 군사를 지휘할 수 있지만 자신은 군사의 수가 많으면 많을수록 더 잘 지휘할 수 있다고 한 말에서 유래함.

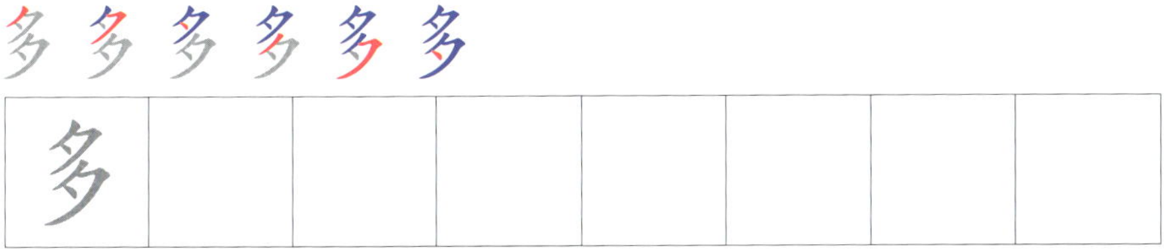

다양(多樣)한 고조선의 토기

토기가 다 깨져서 음식 보관하기가 마땅치 않네. 뭐 좀 새로 나온 게 있나?

이번에 소개해 드릴 상품은 다양(多樣)한 토기들입니다. 특히 갓 구워 낸 고조선 명품 그릇, 민무늬 토기의 인기가 대단합니다.

예전의 빗살무늬 토기보다 더 단단하고 무늬가 없어 아주 단아하고 아름답죠!

오호, 토기가 다양(多樣)해졌네. 당장 주문이다!

배신 背信 믿음을 저버림.
통신 通信 '신호를 사용해 서로 통하다'라는 뜻으로 정보 전달을 다루는 과학 기술을 뜻함.

믿을/신호 신 9획   믿을 신(信) = 사람 인(亻) + 말씀 언(言)으로 사람의 말은 '믿음'이 있어야 한다는 뜻입니다.

信信信信信信信信信

信							

철을 들고 나타난 위만의 배신(背信)

사건 事件 사회적으로 주목을 받을 만한 뜻밖의 일.
사사건건 事事件件 사건을 강조하기 위해 같은 글자를 반복하여 사용한 것으로 '모든 일'을 뜻함.

↳ 어떤 의미를 강조하기 위해 같은 글자를 반복한 것에는 사사건건 외에도 대대손손(代代孫孫), 정정당당(正正堂堂), 시시비비(是是非非), 명명백백(明明白白) 등이 있습니다.

물건/사건 건 6획

件 件 件 件 件 件

件							

중국 사신 피살 사건(事件)

멸망 滅亡 망하여 없어짐.
망신 亡身 '자신을 망치다'라는 뜻으로 말이나 행동을 잘못해서 자기 체면을 깎는 것을 이르는 말.

망할 망 3획

고조선의 멸망(滅亡)

부여 옥저 동예

십 대 十代 10세에서 19세.
대대손손 代代孫孫 대대로 이어 오는 자손들.

사람(亻)이 끈 달린 화살(弋)을 바꾸는 모습입니다. 화살이 오래되어 바꾸고 있는 것이죠. 그래서 대(代)는 '바꾸다, 새것으로 대신하다'라는 뜻을 가지게 되었습니다. 그러다가 또 바뀌는 게 무엇이 있을까 찾아보니 '나이'가 있었습니다. 그래서 대(代)는 '나이'라는 뜻도 가지게 되었습니다.

나이/대신할 대 5획

代 代 代 代 代

代							

고조선의 자리를 대신한 부여

명마 名馬 이름난 말.
출마 出馬 '말을 타고 나가다'라는 뜻으로 선거에 후보로 나서는 것을 말함.

말 마 10획   점 4개(灬)는 말의 다리를 나타냅니다.

부여 특산품, 명마(名馬)

價

가격 價格 '값의 자리'라는 뜻으로 물건의 가치를 돈으로 나타낸 것.

과대평가 過大評價 지나치게 크게 값을 평가함.

값 가 15획

가(價)에 들어 있는 '貝'는 '조개 패'입니다. 선사 시대 때부터 조개껍데기를 돈으로 사용했기 때문에 '돈'이나 '재물'과 관련 있습니다.

價 價 價 價 價 價 價 價 價 價 價 價 價

價							

12배 가격(價格)으로 갚는 부여의 법

도둑이야, 도둑이야!

허걱! 앞마을 개똥이구먼.

CCTV가 뻔히 있는데 훔쳐?! 쯧쯧.

삐뽀 삐뽀

부여 법에 따라 훔친 소 가격(價格)의 12배로 갚아라.

재판장

내가 미쳤지. 소 가격(價格)이 얼마나 비싼데. 흑흑흑, 이거 못 갚으면 노비가 될 텐데 어쩌나······.

형 兄 님 형의 높임말.
형부 兄夫 언니의 남편.

맏 형 5획

사람 인(人)이 변신하면 '사람 인(亻)' 모양으로도 쓰입니다. '人(인), 亻(인), 儿(인)' 모두 '사람'을 뜻합니다.

兄 兄 兄 兄 兄

兄							

옥저와 동예, 고구려를 형(兄)님으로 모시다

완전 完全 모자람이나 흠이 없음.
구무완인 口無完人 '그 입에는 완전한 사람이 없다'는 뜻으로 사람들의 결점만을 들추어 좋게 말하지 않는 고약한 사람을 나타냅니다.

완전할 완 7획

完 完 完 完 完 完 完

完							

부여의 완전(完全) 항복

왕궁 王宮 임금의 집.
전제 왕권 專制王權 모든 일을 마음대로 처리할 수 있는 임금의 권력.

임금 왕 4획

하늘과 백성과 땅을 이어주는 사람으로, '지도자'를 뜻하기도 하고, 권력자가 가지고 있는 큰 무기 모양을 나타내기도 합니다.

알에서 태어난 주몽왕(王)

한편 부여가 고구려에 멸망하기 전, 부여의 금와왕(王)이 산 아래 강가에서 배 속에 아기를 가진 여자를 만났다.

누구인고?

왕(王)이시여,

저는 유화라고 하옵니다. 갈 곳이 없어 헤매고 있습니다.

어쩌다가······! 나랑 같이 가자. 우리 왕궁(王宮)으로.

얼마 뒤, 유화는 알을 낳았다.

아······, 알?

알에서 나온 아이가 바로 고구려를 세우는 주몽왕(王)이다.

적중 的中 '과녁 가운데를 맞히다'라는 뜻으로 어떤 목표에 꼭 들어맞게 됨.
백발백중 百發百中 100번 쏘아 100번 맞힘.

가운데/맞힐 중 4획

中 中 中 中

中							

백발백중(百發百中) 주몽

왕위 王位 왕의 자리.
방위 方位 공간에서 어떠한 위치를 뜻하는 것으로 흔히 동서남북 네 방향을 기준으로 함.

자리 위 7획

位 位 位 位 位 位 位

位

주몽, 부여를 떠나다

고구려 高句麗 주몽이 세운 나라.
천고마비 天高馬肥 '하늘은 높고 말은 살찐다'라는 뜻으로 하늘이 높푸르게 보이고 곡식이 익는 가을철을 말함.

높을 고 10획

고구려(高句麗)를 세운 주몽

태자 太子 다음 왕위를 이을 아들.
명태 明太 바닷물고기 이름. 명천(明川)이라는 곳에서 태(太)씨 성의 어부가 잡았다고 하여 명태라 부름. 말리면 '북어'라고 하고, 얼리면 '동태'라고 함.

클 태 4획   크다는 것을 강조하기 위해 큰 대(大)에 점 주(丶)를 찍었습니다.

주몽, 유리를 태자(太子)로 삼다

부여에 두고 온 주몽의 아내가 아들 유리와 함께 스포츠 뉴스를 보고 있다.
오늘의 스포츠 뉴스입니다.

고구려의 주몽이 챔피언 자리를 차지했습니다!

엄마, 주몽 님이 아빠 맞지? 우리, 아빠 찾아가자!
고구려 왕이…

주몽, 드디어 가족 상봉!
아빠, 보고 싶었어요!
내 아들 유리야, 널 고구려의 태자(太子)로 삼으마.

국내성 國內城 고구려의 두 번째 수도.
경국지색 傾國之色 '나라를 기울게 할 만한 미인'이라는 뜻으로 아주 아름다운 여자를 말함.

나라 국 11획

창(戈: 무기를 뜻함)과 사람의 입(口: 인구를 뜻함)과 땅(一)과 국경(口)이 모여 '나라'라는 뜻이 되었습니다.

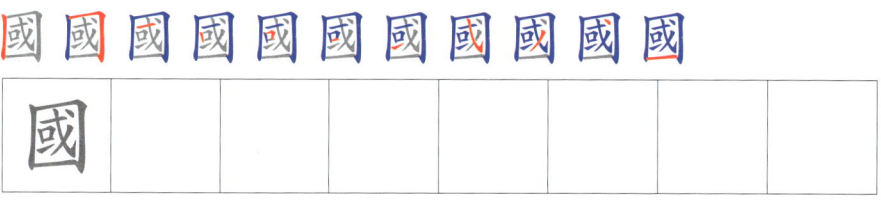

유리왕, 국내성(國內城)으로 도읍을 옮기다

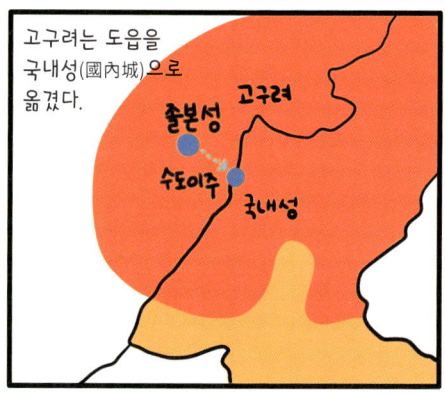

호동 왕자 好童王子 고구려 3대 대무신왕의 아들.
경기 호황 景氣好況 '경기(경제 활동의 상태)가 좋은 상황'이라는 뜻으로 반대는 '경기 불황(景氣不況)'이라고 함.

좋을 호 6획

好 好 好 好 好 好

好						

호동 왕자(好童王子)와 낙랑 공주

자명고 自鳴鼓 스스로 울리는 북.

등고자비 登高自卑 '높은 곳에 오르려면 낮은 곳에서부터 시작한다'라는 뜻으로, '천 리 길도 한 걸음부터'라는 속담과 같음. 공부나 일을 할 때 차근차근 차례를 밟아야 한다는 의미.

스스로 자 6획

옛날에는 자신을 가리킬 때 손가락으로 '코'를 가리켰습니다. 그래서 코 모양인 自(자)는 나중에 '자신'을 나타내는 '스스로'라는 뜻으로 쓰이게 되었습니다.

낙랑국을 점령하는 고구려

군청 郡廳 군의 일을 맡아보는 관청. 군은 우리나라 행정 구역의 하나로, 도(道) 아래에 있고 읍(邑), 면(面)의 위에 위치함.
군수 郡守 군을 지키는 우두머리.

고을 군 10획

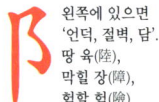
왼쪽에 있으면 '언덕, 절벽, 담'.
땅 육(陸),
막힐 장(障),
험할 험(險)

오른쪽에 있으면 '사람들이 모여 있는 곳'.
도읍 도(都),
마을/때 부(部),
시골 향(鄉)

한자에서 阝가 왼쪽에 있을 때는 '언덕 부(阝)'라고 읽고, 오른쪽에 있을 때는 '고을 읍(阝)'이라고 읽습니다.

郡 郡 郡 郡 郡 郡 郡 郡 郡 郡

郡							

힘을 뻗어 나가는 고구려

전사 戰死 전쟁터에서 적과 싸우다 죽음.
구사일생 九死一生 '아홉 번 죽을 뻔하다 한 번 살아나다'라는 뜻으로 간신히 목숨을 건짐을 이르는 말.

죽을 사 6획

死 死 死 死 死 死

死

고구려 왕의 전사(戰死)

공평할 공 4획

공식 公式 '공적인 방식'이라는 뜻으로 많은 사람들에게 인정된 방식을 말함.

공공 기관 公共機關 '공공의 이익을 위해 일하는 기관'이라는 뜻으로 관공서, 한국전력공사, 국민건강보험공단 등이 있음.

공(公)은 八+ 厶입니다. 厶는 팔을 굽힌 모습으로 어떤 물건을 팔에 끼워 나만 갖겠다는 의미입니다. 八은 그렇게 하지 말고 공평하게 양쪽으로 나누자는 의미입니다. 그래서 공(公)은 공기업(公企業), 공원(公園)처럼 여러 사람과 관계된 곳에 많이 사용합니다.

公 公 公 公

公							

불교를 공식(公式) 종교로 인정하다

형제 兄弟 형과 동생.
호형호제 呼兄呼弟 진짜 형제는 아니지만 '서로 형이라 부르고 동생이라 부른다'라는 뜻으로 매우 가까운 사이를 말함.

└→제자(弟子)는 여제여자(如弟如子)의 줄임말로, '동생 같기도 하고 자식 같기도 하다'라는 뜻.

아우/제자 제 7획

弟 弟 弟 弟 弟 弟 弟

弟						

동생이 왕이 되다

용기 勇氣 '날쌘 기운'이라는 뜻으로 겁내지 아니하는 마음.
용맹 勇猛 날래고 사나움.

날랠 용 9획

용맹(勇猛)한 고구려 병사

광개토 대왕 廣開土大王 고구려 제19대 왕으로, 17대 소수림왕의 조카이며 이름은 담덕.
고대광실 高臺廣室 '높은 건물과 넓은 집'이라는 뜻으로 잘사는 집을 말함.

넓을 광 15획

廣廣廣廣廣廣廣廣廣廣廣廣廣廣廣

廣							

광개토 대왕(廣開土大王) 나가신다

승부 勝負 이기고 지는 것.
승리 勝利 '이기고 이긴다'라는 뜻으로 싸움에서 이김을 뜻함.

└→ 승리(勝利)의 승(勝)은 '이기다'라는 뜻이고, 리(利)는 '이롭다' 말고도 '이기다'라는 뜻이 있습니다. 이처럼 한자어는 뜻이 비슷한 한자를 겹쳐서 사용하기도 합니다.
예) 있을 존(存) + 있을 재(在) = 존재(存在), 집 가(家) + 집 옥(屋) = 가옥(家屋), 몸 신(身) + 몸 체(體) = 신체(身體)

이길 승 12획

勝 勝 勝 勝 勝 勝 勝 勝 勝 勝 勝 勝

勝											

700년 만에 찾은 고조선 땅

영토 領土 '거느리는 땅'이라는 뜻으로 국가의 통치권이 미치는 구역을 말함.

권토중래 捲土重來 싸움에 져서 일단 후퇴했지만 나중에 '흙먼지를 일으키며 다시 온다'라는 뜻으로 어떤 일에 실패한 뒤에 힘을 길러 다시 그 일을 하는 것을 나타내는 말.

흙/땅 토 3획   선비 사(士)와 모양이 비슷하니 주의해야 합니다.

광개토 대왕의 영토(領土)

신도시 新都市 새로 계획해 개발한 도시.
천도 遷都 수도를 옮김.

도읍 도 12획

도읍 도(都) = 사람 자(者) + 고을 읍(阝)으로 이루어진 글자로, '많은 사람들이 사는 곳'을 뜻합니다.

都 都 都 都 都 都 都 都 都 都 都 都

都						

장수왕, 신도시(新都市)를 찾아가다

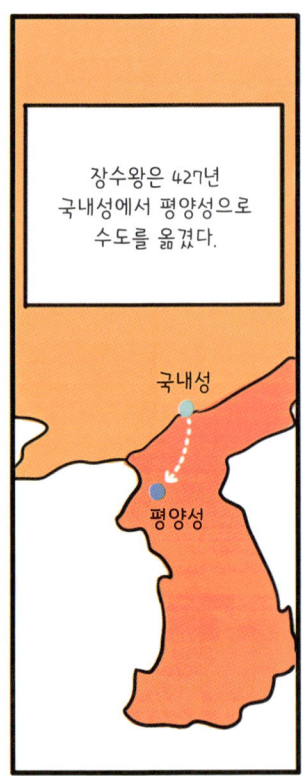

영원 永遠 '길고 멀다'라는 뜻으로 끝없이 이어짐을 나타냄.
영원불멸 永遠不滅 영원히 사라지지 않음.

길 영 5획   얼음 빙(氷)과 모양이 비슷하니 주의해야 합니다.

永 永 永 永 永

永						

광개토 대왕릉비를 세우다

남 南 쪽 네 방위(동서남북) 가운데 하나.

남한산성 南漢山城 남한산에 있는 성. 남한산은 '한강 남쪽에 있는 산'이라는 의미로 병자호란 때 청나라와 싸운 곳을 가리킴.

┗▶북한산(北漢山): 남한산과 더불어 조선의 수도 한양, 곧 지금의 서울을 크게 둘러싸고 있는 산입니다. 북한에 있는 산이 아니라 한강(漢江) 북쪽에 있다고 해서 북한산(北漢山)이라고 부릅니다.

남녘 남 9획

장수왕의 남하(南下) 정책

한강 漢江 한수(중국의 강 이름)처럼 큰 강으로 강원도·충청북도·경기도·서울특별시를 거쳐 서해로 흘러 나가는 강.

한강투석 漢江投石 한강에 돌 던지기. '아무리 돌을 많이 집어넣어도 한강을 메울 수 없다'라는 뜻으로 무얼 해도 보람이 없는 것을 말함.

한수/한나라 한 14획

漢漢漢漢漢漢漢漢漢漢漢漢漢漢

漢							

한강(漢江)을 차지한 장수왕

장수 長壽 '긴 목숨'이라는 뜻으로 오래도록 삶을 말함.
시장 市長 '시의 우두머리'라는 뜻으로 지방 자치 단체인 시의 책임자.

└ '시장(市長)'과 '시장(市場)'은 동음이의어(소리는 같지만 뜻이 다른 말)입니다. 시장(市場)은 물건을 사고파는 눈에 보이는 장소 또는 눈에 보이지 않지만 경제 활동이 이루어지는 곳입니다.

길다/낫다/우두머리 **장** 8획

長 長 長 長 長 長 長 長

長							

장수(長壽)하여 장수왕(長壽王)

백만 스물하나, 백만 스물둘!

헛둘 헛둘

안녕하세요? 생방송 '세상에 요런 일도' 시간입니다. 거북이처럼 오래 사신 장수왕(長壽王)을 만나 보겠습니다.

위이잉

98살까지 사신 장수(長壽) 비결은 무엇인가요?

거대한 꿈, 빠른 추진력, 할 수 있다는 긍정적인 마음! 그리고 무엇보다 규칙적인 운동이죠.

백만 百萬 1,000,000. 만의 100배가 되는 수.
백전백승 百戰百勝 100번 싸워 100번 이김.

일백 백 6획   흰 백(白)과 모양이 비슷하니 주의해야 합니다.

百 百 百 百 百 百

百

수나라 백만(百萬) 대군이 쳐들어오다

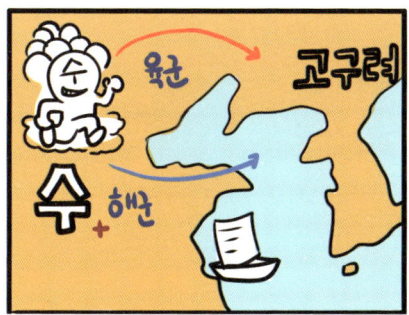

후퇴 後退 뒤로 물러남.
낙후 落後 '떨어지고 뒤처지다'라는 뜻으로 문화, 기술, 생활 등의 수준이 뒤떨어짐을 이름.

뒤 후 9획

살수 대첩

천재일우 千載一遇 '1000년에 한 번 만난다'라는 뜻으로 좀처럼 얻기 어려운 좋은 기회를 말함.
천리장성 千里長城 고구려 때 1000리에 걸쳐 쌓은 긴 성.
↳천 리(千里)는 10리(약 4km)의 100배로 썩 먼 거리를 나타냅니다.

일천 천 3획   소 우(牛)와 모양이 비슷하니 주의해야 합니다.

고구려, 천리장성(千里長城)을 쌓다

최고 最高 가장 높음.
최신 最新 가장 새로움.

가장 최 12획

最 最 最 最 最 最 最 最 最 最 最 最 最

最								

연개소문, 최고(最高)의 자리에 오르다

안전 安全 완전하게 편안함.
좌불안석 坐不安席 '앉아도 자리가 편안하지 않다'라는 뜻으로 마음이 불안하여 안절부절못하는 모양을 이르는 말.

편안할 안 6획

安安安安安安

안시성 전투

내부 內部 안쪽 부분.
내막 內幕 '장막 안'이라는 뜻으로 겉으로 드러나지 아니한 일의 속사정.

안 내 4획

고구려, 내부(內部) 갈등으로 망하다

발해

경세제민 經世濟民 '세상을 경영하고 백성을 구제한다'라는 뜻으로 줄여서 '경제(經濟)'라고 함.
유민 遺民 망하여 없어진 나라의 백성.

↳오늘날에는 백성(百姓) 대신 국민(國民) 또는 시민(市民)이라는 말을 사용합니다.

백성 민 5획

고구려의 유민(遺民)들

고구려가 망하자 중국의 당나라는 고구려 백성들을 포로로 끌고 갔다.

여기가 어디지?

영주잖아. 당나라에 끌려온 거란족이 거주하던 곳인데, 우리 고구려 유민(遺民)들도 일 시키려고 이곳으로 끌고 온 거야.

지금의 경상북도 영주 아니다.

영주 / 요동성 / 국내성 / 안시성 / 평양성

고구려 유민(遺民)들은 당나라를 위해 일해라!

탈출 脫出 벗어나 빠져나옴.
탈선 脫線 '선에서 벗어나다'라는 뜻으로 기차나 지하철의 바퀴가 선로를 벗어남 또는 말이나 행동이 나쁜 방향으로 빗나감.

벗을 탈 11획

脫 脫 脫 脫 脫 脫 脫 脫 脫 脫 脫 脫

脫							

영주에서 탈출(脫出)하는 유민들

출발 出發 목적지를 향하여 나아감.
신출귀몰 神出鬼沒 '귀신처럼 나타났다가 귀신처럼 사라진다'라는 뜻으로 갑자기 나타나고 갑자기 사라지는 등 움직임을 쉽게 알 수 없을 만큼 자유자재로 나타나고 사라짐을 이르는 말.

날 출 5획

출발(出發), 고향으로!

동 東 쪽 네 방위 가운데 하나.
동대문 東大門 조선의 수도였던 한양으로 들어가는 동쪽의 큰 문으로, 본래 이름은 흥인지문.

동녘 동 8획

동녘 동(東)은 나무 목(木) 사이로 해 일(日)이 떠오르는 모양을 통해 해가 뜨는 '동쪽'을 나타냅니다.

東 東 東 東 東 東 東 東

東							

대조영, 동(東)쪽 땅에 발해를 세우다

우정 友情 친구 사이의 정.
죽마고우 竹馬故友 '대나무로 만든 가짜 말을 타고 놀던 옛 친구'라는 뜻으로 어릴 때부터 같이 놀며 자란 친구를 말함.

벗 우 4획

友 友 友 友

友							

발해와 일본의 우정(友情)

도로 道路 길. 특히 중심이 되는 도로는 나무의 줄기와 비슷해서 '간선 도로(幹線道路)'라고 부름.

도청 道廳 도(道)의 행정을 처리하는 곳으로 시(市)는 '시청', 군(郡)은 '군청'이라고 부름.

길/도리/
행정 구역 도 13획

신라로 가는 도로(道路)를 만들다

삼일 三日 3일.
삼일천하 三日天下 '3일만 세상을 다스림'이라는 뜻으로 조선 후기에 김옥균 등이 갑신정변으로 3일 동안 정권을 잡은 일을 일컬음. 또는 정권을 잡았다가 짧은 기간 내에 밀려나게 됨을 이르는 말.

석 삼 3획

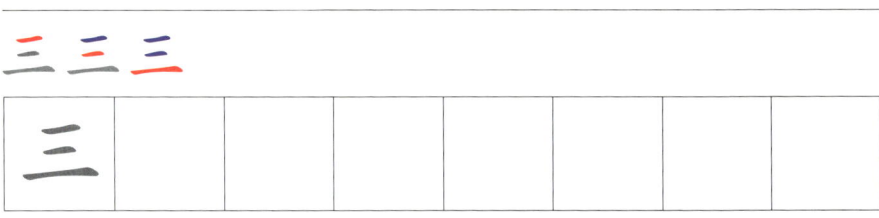

삼 일(三日)만에 발해가 망하다

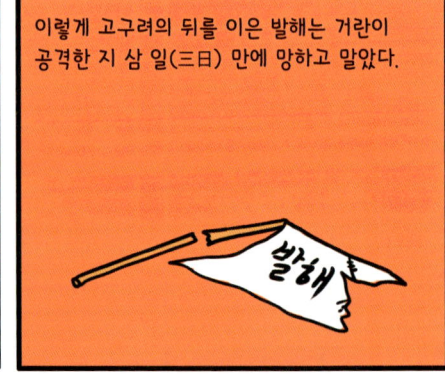

상처 傷處 다친 곳.
부상 負傷 상처를 입음.

다칠 상 13획

온조, 위례에 터를 잡다

개명 改名 이름을 고침.

개과천선 改過遷善 '허물을 고치고 착한 곳으로 옮기다'라는 뜻으로 지난날의 잘못을 고쳐 올바르고 착하게 바뀌는 것을 말함.

고칠 개 7획

改 改 改 改 改 改 改

십제에서 백제로 개명(改名)하다

비류가 세상을 떠나자 결국 미추홀 백성들은 온조가 있는 위례성으로 온다.

이곳이 농사가 잘된대. 어서 들어가세.

위례성에 온 걸 대환영
-십제왕-

와아

왕을 따라온 저희 열 명의 신하를 기념하여 '십제'라 했는데 이제 상황이 바뀌었으니 개명(改名)하셔야 합니다.

그러면 많은 백성들이 나, 온조를 따르니 '백제'라고 개명(改名)하겠소.

저수지 貯水池 물을 모아 두려고 만든 못.
저금 貯金 돈을 모음.

쌓을 저 12획

貯貯貯貯貯貯貯貯貯貯貯貯

貯							

저수지(貯水池)를 만들어 농사짓다

풍년 豊年 곡식이 잘 자라고 잘 여물어 풍성하게 된 해.
백년하청 百年河淸 '100년을 기다려도 황하(황허강)의 물은 맑아지지 않는다'라는 뜻으로 오랫동안 기다려도 바라는 것이 이루어질 수 없음을 나타냄.

해 년 6획

年 年 年 年 年 年

年							

커져 가는 백제의 힘

온조왕 이후 7대 왕에 이르기까지 백제는 마한 땅에서 세력을 조금씩 키웠다.

농사가 이렇게 잘되니 정말 먹고살 만하네.

풍년이다~ 와~!!

또한 주변 땅을 조금씩 차지해 갔다.

풍년(豊年)이라 밥 든든히 먹으니 싸움도 잘되는구나.

강력 強力 힘이 강함.
권력 분립 權力分立 '권력을 나누어 세우다'라는 뜻으로 힘이 한곳에 치우지지 않게 하는 것을 말함.

힘 력/역 2획

강력(強力)한 백제로 이끄는 근초고왕

일본 日本 아시아 동쪽 끝에 있는 나라.
작심삼일 作心三日 마음먹은 게 3일을 못 감.

해/날 일 4획

일본(日本)에 영향을 주는 백제

칠지도 七支刀 7개의 나뭇가지 모양을 한 칼.
칠석 七夕 음력 7월 7일. 견우와 직녀가 까마귀와 까치가 만든 다리를 건너 만난다는 전설이 있음.

일곱 칠 2획

근초고왕, 칠지도(七支刀)를 보내다

고단수 高段數 수단이나 술수를 쓰는 단수가 높은 사람.
계단 농업 階段農業 비탈진 땅을 계단 모양으로 층을 만들어 농사짓는 일.

층계/등급 단 9획

백제는 고단수(高段數)

선수 先手 '먼저 손을 쓰다'라는 뜻으로 남이 하기 전에 앞질러 하는 행동.
선진 先進 '먼저 나아가다'라는 뜻으로 발전의 정도가 다른 것보다 앞섬.

먼저 선 6획

先 先 先 先 先 先

先						

선수(先手)를 빼앗긴 백제

나, 장수왕, 선수(先手) 쳐서 백제를 공격한다!

음핫~

고구려의 장수왕이 쳐들어왔습니다. 도망가야 합니다!

장수왕 승!

심판

선수(先手)를 빼앗기고 말았어.

백제

부흥 復興 쇠퇴했던 것이 다시 일어남.
중언부언 重言復言 '거듭 말하고 다시 말하다'라는 뜻으로 이미 한 말을 자꾸 되풀이함.

**다시 부/
회복할 복** 12획

부흥(復興)하는 백제

공동 共同 여럿이 일을 함께 함.
민주 공화국 民主共和國 공화국은 왕이 없는 나라를 뜻하고, 민주 공화국은 주권이 국민에게 있는 나라를 말함.

함께 공 6획

共 共 共 共 共 共

共						

신라와 공동(共同)으로 고구려를 공격하다

부정부패 不正腐敗 올바르지 않고 썩을 대로 썩음.
패배 敗北 싸움에서 짐.
└ 北은 '북녘 북'으로 주로 쓰이지만 여기에서는 '북'이 아니라 '달아날 배'로 쓰여 '패배(敗北)'라고 읽습니다.

패할 패 11획

敗敗敗敗敗敗敗敗敗敗敗

敗								

신라의 배신과 성왕의 패배(敗北)

황산 黃山 **벌** 계백 장군이 이끄는 백제군과 김유신 장군이 이끄는 신라군이 전투를 벌였던 곳.
황사 黃沙 누런 모래.

누를 황 12획

黃黃黃黃黃黃黃黃黃黃黃黃

황산(黃山)벌에서 만난 계백과 김유신

낙화암 落花巖 충청남도 부여군 부여읍 부소산에 있는 큰 바위.

오비이락 烏飛梨落 '까마귀 날자 배 떨어진다'라는 뜻으로 아무런 관계도 없는 일이 우연히 다른 일과 겹쳐서 오해를 받게 됨을 말함.

떨어질 락/낙 13획

낙화암(落花巖)과 백제의 멸망

지금 只今 말하는 바로 이때.
작금 昨今 어제와 오늘. '요즈음'을 뜻함.

이제 금 4획

구지봉에 내려온 황금 상자

백제의 시조 온조왕이 죽고 그의 아들이 다스릴 때쯤 백제 옆의 변한 땅에서 신기한 일이 일어났다. 이곳은 삼한 가운데 변한 땅에 있는 구지봉 (지금의 경상남도 김해시에 있는 산).

지금(只今) 무슨 소리가?

只今…

지금(只今) 왕이 내려갈 것이니 노래하며 맞이하라.

어서 노래를 부릅시다.

오오

거북아… 거북아♪ 머리를 내어밀어라~♪ 내밀지 않으면 구워먹겠다♪

황금 상자?

오오…

타지 他地 다른 지역.
타산지석 他山之石 '다른 산의 돌'이라는 뜻으로 다른 산에서 나는 쓸모없는 돌이라도 자기한테는 필요한 돌이 될 수 있다는 말. 다른 사람의 잘못도 자신의 지식과 인격을 수양하는 데에 도움이 될 수 있음을 나타냄.

다를 타 5획   땅 지(地)와 모양이 비슷하니 주의해야 합니다.

여섯 개의 알과 6가야

주인 主人 책임자 또는 물건의 임자.
주권 主權 중심이 되는 권리. 나라의 일을 최종적으로 결정할 수 있는 최고의 힘.

주인/임금 주 5획

主 主 主 主 主

主

6가야의 주인(主人)

여섯 개의 가야국이 있었다. '가야 연맹'이라 했다.

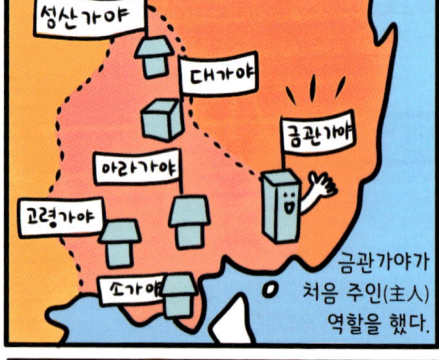

금관가야가 처음 주인(主人) 역할을 했다.

그래서 금관가야가 "모여라." 하면 모이고, "흩어져라." 하면 흩어졌다.

나중에는 대가야가 가야 연맹의 주인(主人)이 된다.

김씨 金氏 김씨 성. 한국의 성씨 가운데 하나.
단금지교 斷金之交 '쇠라도 자를 수 있는 사귐'이라는 뜻으로 친구 간의 두터운 우정을 말함.

금(金)은 '돈'이라는 뜻도 있습니다. 그래서 저금(貯金)은 '금'을 모아 두는 것이 아니라 '돈'을 모아 두는 것을 말합니다. 또 사람의 성이나 지역 이름을 나타낼 때에는 쇠 금(金)을 보통 '김'이라고 읽습니다. 예를 들면 '김유신(金庾信)' 할 때 '김'은 金(쇠 금)이지만, '김'으로 읽습니다. 경기도 김포(金浦), 경상남도 김해(金海), 전라북도 김제(金堤)의 '김'도 지역 이름이기 때문에 '김'이라고 읽습니다.

쇠 금/성씨 김 8획

金金金金金金金金

金							

김(金)수로왕

자손 子孫 자식과 손자 또는 후손.
조손 가족 祖孫家族 부모 없이 할아버지 또는 할머니와 손자 또는 손녀가 함께 사는 가족.

손자/자손 손 10획

이어 맬 계(系)는 실을 이어 맨(엮은) 모습입니다. 손자 손(孫)은 자식(子)이 끊기지 않고 실처럼 이어져 있다는 뜻입니다.

孫 孫 孫 孫 孫 孫 孫 孫 孫 孫

孫							

멸망한 가야의 자손(子孫)

덩치가 큰 고구려, 백제, 신라의 틈바구니에서 작은 나라 가야는 힘들었다.

결국 가야는 나중에 신라에 의해 멸망한다.

우리 가야 왕족과 자손(子孫)들은 신라로 갈 수밖에…….

신라에 정착한 가야 자손(子孫) 중에 우리가 잘 아는 김유신 장군이 있다.

내가 원조 가야인.

휴식 休息 하던 일을 멈추고 쉼.
휴면 상태 休眠狀態 '쉬고 잠자는 상태'라는 뜻으로 활동을 전혀 하지 않는다는 말.

쉴 휴 6획   사람(亻)이 나무(木) 근처에서 쉬고 있는 모습을 나타낸 글자입니다.

休 休 休 休 休 休

休							

신라의 시조를 만나다

박씨 朴氏 한국의 성씨 가운데 하나.
순박 淳朴 거짓이나 꾸밈 없이 순수하며 인정이 두터움.

성씨/순박할 박 6획

朴 朴 朴 朴 朴 朴

신라 시조 박(朴)혁거세

성씨 姓氏 '성(姓)'을 높여 부르는 말.
화씨지벽 和氏之璧 옛날 중국의 화씨가 발견한 구슬. 세상에서 가장 아름답고 흠이 없는 구슬이라고 알려져 있고, 이후 사람들은 이 완전한 구슬처럼 모든 일이 다 들어맞을 때 '완벽(完璧)'하다고 했음.

성씨 씨 4획

氏 氏 氏 氏

氏						

신라 왕의 성씨(姓氏)

그리하여 고구려와 백제, 가야가 건국되기 전에 박혁거세를 시조로 하는 박씨(氏)가 신라를 다스린다.

그러다 석탈해를 시조로 하는 석씨(氏)가 다스리게 되고,

이후 17대 내물왕 때부터는 김알지를 시조로 하는 김씨(氏)가 본격적으로 신라를 다스리게 된다.

추석 秋夕 음력 8월 15일로 우리나라 4대 명절 가운데 하나.
추수 秋收 가을에 익은 곡식을 거두어들임. '가을걷이'라고도 함.

가을 추 9획

秋 秋 秋 秋 秋 秋 秋 秋 秋

秋								

신라 때부터 시작된 추석(秋夕)

교류 交流 물이 흘러가듯 서로 주고받음.
수어지교 水魚之交 '물과 물고기 같은 사귐'이란 뜻으로 매우 가까운 관계를 말함.

사귈 교 6획

交 交 交 交 交 交

交							

내물왕, 다른 나라와 교류(交流)하다

신라 17대 내물왕은 고민이 깊어진다.

이 나라를 강하게 키울 방법이 없을까?

하나 있사옵니다.

중국과 교류(交流)를 하면 좋을 듯합니다.

빙고! 그거 좋은 방법이네!

그러지 않아도 백제가 자꾸 우릴 괴롭히니 이참에 고구려하고도 교류(交流)해야겠어.

방향 方向 동, 서, 남, 북 등 어떤 방위를 향한 쪽.
지향 志向 '우리는 평화를 지향한다'라는 말처럼 '뜻을 세워 어떤 방향으로 가다'라는 뜻. '더 나은 방향으로 발전하기 위해 어떠한 것을 멈추다'라는 뜻의 '지양(止揚)'과 소리가 비슷하니 주의해야 함.

향할 향 6획

울릉도를 신라 땅으로 만들다

한우 韓牛 우리나라 소의 한 품종.
우이독경 牛耳讀經 '쇠귀에 경 읽기'라는 뜻으로 아무리 좋은 말을 해 주고 가르쳐 보아도 알아듣지 못할 때 쓰는 말.

소 우 4획   낮 오(午)와 모양이 비슷하니 주의해야 합니다.

牛 牛 牛 牛

牛							

우경을 시작하다

법률 法律 국민이 지켜야 할 나라의 규율.
법치 法治 법에 의해 나라를 다스림.

법 법 8획

법 법(法) = 氵(물 수) + 去(갈 거)이므로, 물(氵)이 흘러가듯(去) 사람들이 따라가야 한다는 걸 의미합니다.

법흥왕, 신라의 법률(法律)을 만들다

기운 氣運 어떤 일이 벌어지려고 하는 분위기.
기고만장 氣高萬丈 '기운의 높이가 만 장(1장이 약 3m이므로 1만 장은 약 3만 m)이나 된다'라는 뜻으로 우쭐하여 뽐내는 기세가 대단함을 나타냄.

기운 기 10획

氣 氣 氣 氣 氣 氣 氣 氣 氣 氣

기운(氣運) 넘치는 진흥왕

아, 몸이 근질거려. 기운(氣運)은 넘쳐 나고. 뭘 하지……?

요즘 뭐가 유행인가? 삼국TV나 볼까?

지금 고구려와 백제가 땅따먹기 전쟁을 하고 있습니다.

바로 이거야! 나와 군사들 모두 기운(氣運)이 짱짱하니 우리의 힘을 보여 주마!

우리 신라를 대표해 나 이사부가 먼저 들어왔거든.

고구려, 백제, 그만 싸워!

변소 便所 대소변을 보는 곳.
편익 便益 편리함과 이익.

**똥오줌 변/
편할 편** 9획

便便便便便便便便便

便

진흥왕, 변소(便所) 들어갈 때와 나올 때가 다르다

지킬 수 6획

수비 守備 외부의 침략이나 공격을 막아 지킴.
수주대토 守株待兎 '그루터기(나무를 베고 남은 아랫부분)를 지키면서 토끼를 기다린다'라는 뜻으로 한 가지 일에만 얽매여 발전을 모르는 어리석은 사람을 말함. 중국 송나라의 한 농부가 우연히 나무 그루터기에 부딪혀 죽은 토끼를 잡은 뒤 계속 그 방법으로 토끼를 잡을 수 있다고 생각하고 다른 일은 하지 않고 멍하니 그루터기만 지키고 있었다는 데서 유래함.

한강을 수비(守備)하는 진흥왕

우리가 공격을 해서 차지했으니, 이제 수비(守備)를 해야지.

여기 한강에서 한번 살펴볼까?

후훗~, 내 이럴 줄 알았지.

역시 백제 쪽에서 전쟁을 준비 중이군.

얘들아, 얼른 한강 근처에 군사들을 많이 배치해라.

아니, 신라군이 벌써!

우아아아

여행 다니는 줄 알았는데 적들을 살피러 다녔다니……!
진흥왕, 공격에 이어 수비(守備)도 잘하는걸…….

부족 不足 만족스럽지 않음.
충족 充足 '부족하지 않도록 채우다' 또는 '가득 차서 만족스럽다'라는 뜻.

발/만족할 족 7획

만족을 모르는 진흥왕

화랑 花郞 신라 시대 때 만들어진 청소년 단체 또는 그 단체의 중심인물.

금상첨화 錦上添花 '비단 위에 꽃을 더하다'라는 뜻으로 좋은 일에 좋은 일이 또 생김. 반대 의미로 '눈 위에 또 서리가 내린다'라는 뜻의 설상가상(雪上加霜)이 있음.

꽃 화 8획

花花花花花花花花

花							

화랑(花郞)

이 꽃들처럼 나와 신라를 위해 기쁨을 줄 수 있는 사람, 없을까?

진흥아! 나는 경주 김씨의 시조 김알지이다. 하늘에서 너의 고민을 듣고 답을 주고자 왔다.

앗! 감사합니다, 할아버지.

꽃처럼 아름답고 능력 있는 청소년을 모아 봐. 이름은 '꽃 화', '사내 랑'을 써서 '화랑(花郞)'이라 하고.

청소년 단체라니! 아주 좋은 생각이십니다!

신라를 위해 목숨을 바쳐 일할 화랑 花郞 모집.

- 진흥왕 -

최선 最善 가장 좋음.
개선 改善 '좋게 고치다'라는 뜻으로 잘못된 것, 부족한 것, 나쁜 것을 고쳐서 더 좋게 만듦.

착할/좋을 선 12획

신라 최초의 여왕, 선덕 여왕

통일 統一 하나로 만듦.
군계일학 群鷄一鶴 '닭의 무리 가운데 있는 한 마리의 학'이라는 뜻으로 평범한 사람들 가운데 있는 뛰어난 사람을 나타냄.

하나 일 1획

삼국 통일(統一)을 꿈꾸다

성공 成功 목적을 이룸.
구성 構成 부분이나 요소들을 이리저리 얽어서 어떤 관련이 이루어지도록 한 것.

이룰 성 6획

成 成 成 成 成 成

成

김춘추의 성공(成功) 시대

정문 正門 중심이 되는 출입문.
등용문 登龍門 '용문(龍門)에 오르다'라는 뜻으로 크게 성공할 수 있는 관문 또는 그곳을 통과함을 나타냄.

문 문 8획

門 門 門 門 門 門 門 門

門

문무왕, 고구려 평양성 문(門)을 열다

군사 軍士 군인.
연합군 聯合軍 '연결해서 합친 군대'라는 뜻으로 둘 이상의 국가가 연합하여 만든 군대를 말함.

군사 군 9획

軍軍軍軍軍軍軍軍軍

軍

당나라 군사(軍士)를 쫓아내다

뭐? 당나라 군사(軍士)들이 안 돌아가고 신라를 공격한다고?

네, 저희가 뺏은 고구려 땅과 백제 땅을 내놓으라고 난리를 피우고 있습니다.

안 되겠다. 우리 군사(軍士)들을 보내 당나라군을 쫓아 버려라.

발사!

광

신라 무섭다해!

도망가자해!

신분 身分 개인의 사회적 지위.

살신성인 殺身成仁 '자신을 희생해서 인을 이루다'라는 뜻으로 자기를 희생하여 옳은 도리를 실천한다는 말.

몸 신 7획

身 身 身 身 身 身 身

身

신라의 신분(身分) 제도

아빠! 나 열심히 공부해서 나중에 최고 높은 벼슬, 이벌찬이 될 거야.

신라의 신분(身分) 제도에서 6두품인 우리는 그리 높은 벼슬을 할 수 없단다.

그런 법이 어디 있어요?

우리 신라에는 그런 법이 있단다. 성골, 진골 다음으로 6두품이 세 번째 신분(身分)이야. 그리고 나머지가 있어.

그럼 우리 영원히 '넘버 3'예요?

아쉽지만 지금은 그렇구나. 세월이 더 지나면 바뀔 테지.

전성기 全盛期 한창 왕성한 시기.

전력 全力 모든 힘.

└ 동음이의어로 '전력(電力)'이 있습니다. 소리는 같지만 뜻이 다릅니다. '전력(電力)'은 전류가 단위 시간에 하는 일 또는 단위 시간에 사용되는 에너지의 양을 뜻합니다.

모두/온전할 전 6획

신라, 전성기(全盛期)를 맞다

석굴암 石窟庵 신라 때 동굴 속에 만들어 놓은 절.
일석이조 一石二鳥 '한 개의 돌이 두 마리 새를 잡는다'라는 뜻으로 동시에 2가지 이득을 봄.

돌 석 5획

신라 미술의 절정, 석굴암(石窟庵)

공사 工事 '만드는 일'이라는 뜻으로 집이나 성, 다리 등을 설계하여 흙, 나무, 돌, 쇠를 써서 세우거나 쌓아 무엇을 만드는 일.

공장 工場 '만드는 장소'라는 뜻으로 원료나 재료를 가공하여 물건을 만들어 내는 곳.

장인/만들 공 3획

工 工 工

工							

불국사 공사(工事)

청소 淸掃 깨끗하게 쓸어 냄.
산고수청 山高水淸 '산은 높고 물은 맑다'라는 뜻으로 아름다운 경치를 말함.

맑을/깨끗할 청 11획

淸淸淸淸淸淸淸淸淸淸淸

淸							

청해진의 장보고

비정상 非正常 정상이 아님.
비정부 기구 非政府機構 '정부 기구가 아니다'라는 뜻으로 자발적인 시민 단체를 말함.

아닐 비 8획

非 非 非 非 非 非 非 非

非

비정상(非正常)적인 51대 진성 여왕

동면 冬眠 겨울잠.
엄동설한 嚴冬雪寒 '눈 내리고 추운 혹독한 겨울'이라는 뜻으로 겨울의 심한 추위를 말함.

겨울 동 5획

엄동설한(嚴冬雪寒) 같은 신라 말기

욕심 欲心 분수에 넘치게 탐내거나 누리고자 하는 마음.
심상 지도 心像地圖 마음속에 떠오르는 모습을 지도로 나타낸 것.

마음 심 4획

견훤 vs 궁예

부하 部下 직책상 자기보다 더 낮은 자리에 있는 사람.
하석상대 下石上臺 '아랫돌 빼서 윗돌 괴고 윗돌 빼서 아랫돌 괸다'라는 뜻으로 임시로 이리저리 둘러맞춤을 나타내는 말.

아래 하 3획

왕건, 궁예의 부하(部下)로 들어가다

건국 建國 나라를 세움.
건물 建物 '사람이 세운 물건'이라는 뜻으로 사람이 살거나 일 등을 하려고 지은 집.

세울 건 9획

建 建 建 建 建 建 建 建 建

建								

왕건, 궁예를 쫓아내고 고려를 건국(建國)하다

불효 不孝 효도를 다하지 않음.
사친이효 事親以孝 '효도를 다하여 부모를 섬기다'라는 뜻으로 신라 화랑이 지켜야 하는 5가지 계율(세속 오계) 가운데 하나.

효도 효 7획

후백제, 멸망하다

귀순 歸順 적이었던 사람이 스스로 돌아서서 순종함.
순풍 順風 순하게 부는 바람. 배가 가는 쪽으로 부는 바람으로 좋은 바람을 말함.

순할 순 12획

順 順 順 順 順 順 順 順 順 順 順

順							

고려에 귀순(歸順)하는 경순왕

원인 原因 어떤 일이 생기게 된 까닭.
원고 原告 어떤 사실을 원인으로 해서 법원에 먼저 알린 사람. 그 상대편은 '피고'라고 부름.

근원 원 10획

原 原 原 原 原 原 原 原 原 原

原							

신라 멸망의 원인(原因)

1000년 동안이나 유지되었던 신라가 망한 원인(原因)은 뭘까? 매직 구슬은 알까?

신라가 망한 원인(原因)이 무엇이냐?

뻔하죠. 백성들의 마음을 살피지 않았기 때문이에요.

그럼 이제 어떻게 하면 좋을까?

망한 신라처럼 백성들 괴롭히고 세금 마음대로 걷는 짓 하지 마세요.

아, 알았다. 구슬아, 고맙다.

지방 地方 '중부 지방'이라고 하는 것처럼 어느 곳의 땅을 말함. 또는 서울 이외의 지역.

지방 자치 단체 地方自治團體 특별시, 광역시, 도, 시, 군 등 국가 영토의 일부에서 법이 인정하는 범위 내에서 스스로 다스릴 수 있는 단체.

땅 지 6획   다를 타(他)와 모양이 비슷하니 주의해야 합니다.

地 地 地 地 地 地

地							

왕건, 지방(地方) 세력의 딸들과 결혼하다

요청 要請 필요한 것을 부탁함.
불요불급 不要不急 필요하지도 않고 급하지도 않은 경우를 뜻함.

요구할/
필요할 요 9획

要要要要要要要要要

要							

고려에 친추 요청(要請)하는 거란

고려 축 개국

우리 거란의 왕께서 고려 개국을 축하하며 선물을 보내셨습니다.

흥! 난 거란, 니들이 싫거든.

……

우리 왕께서 보내신 친구 추가 요청(要請)을 수락해 주시기 바랍니다.

아, 뭐. 일단 축하는 고맙게 받겠소만……

증오 憎惡 아주 미워하고 싫어함.
악법 惡法 '악한 법'이라는 뜻으로 형식상 법이지만 내용은 사람을 괴롭히는 나쁜 법.

**악할 악/
미워할 오** 12획

왕건, 거란을 증오(憎惡)하다

북두칠성 北斗七星 큰곰자리의 꼬리에 해당하는 7개의 별.
월명성희 月明星稀 '달이 밝으면 별빛은 희미해진다'라는 뜻으로 진짜 영웅이 나타나면 그동안 잘난 체하던 사람들은 숨어 버린다는 말.

별 성 9획

星 星 星 星 星 星 星 星 星

星

별에서 온 장군

해방 解放 '풀어서 놓아주다'라는 뜻으로 구속에서 풀려나게 함을 뜻함.
해소 解消 어려운 일이나 문제가 되는 것을 해결하여 없애 버림.

풀 해 13획

解 解 解 解 解 解 解 解 解 解 解 解

解							

노비를 해방(解放)시킨 광종

과목 科目 공부할 분야를 묶어 놓은 것.
금과옥조 金科玉條 '금 같은 법과 옥 같은 법'이라는 뜻으로 금이나 옥처럼 귀중히 여겨 꼭 지켜야 할 법칙이나 규정을 말함.

과목/법 과 9획

科 科 科 科 科 科 科 科 科

科								

시험을 통해 공무원을 뽑다

외교 外交 '바깥 나라와 사귀다'라는 뜻으로 다른 나라와 정치적·경제적·문화적으로 관계를 맺는 일.
외환 시장 外換市場 외국 돈을 사고팔고, 교환할 수 있는 시장.

바깥 외 5획

外 外 外 外 外

외교관(外交官) 서희

담판 談判 '말로써 판단하다'라는 뜻으로 어떤 일을 해결하기 위해 논의해 옳고 그름을 판단함.

담호호지 談虎虎至 '호랑이를 말하니 호랑이가 온다'라는 뜻으로 어떤 사람에 대해 이야기 중인데 마침 그 사람이 그 자리에 나타남을 이르는 말.

말씀 담 15획

담판(談判)으로 강동 6주를 얻다

이차 二次 두 번째.
이중성 二重性 '겹쳐 있는 2가지 성질'이라는 뜻으로 하나의 사물에 겹쳐 있는 서로 다른 2가지의 성질을 말함.

두 이 2획

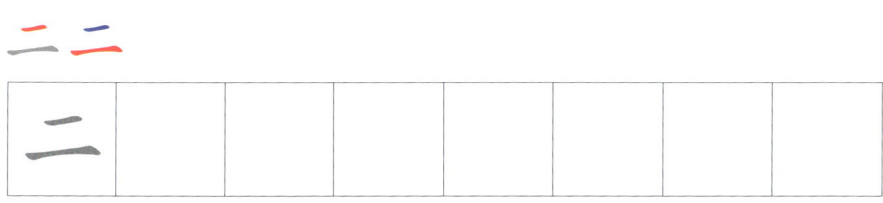

거란의 2차(二次) 침입

135

직접 直接 '바로 접하다'라는 뜻으로 중간에 어떤 것도 없이 바로 연결되는 관계.
이실직고 以實直告 진실을 그대로 알림.

곧을 직 8획

直 直 直 直 直 直 直 直

直							

거란을 속여 돌려보내다

將

장수/장래 장 11획

장군 將軍 군사들을 지휘하는 우두머리.
장래 희망 將來希望 다가올 앞날에 이루기를 바라는 것.

나무(木, 木: 나무 목)를 반으로 나누면 2개의 모양이 나오는데, 나뭇조각 장/상(爿)과 조각 편(片)입니다.
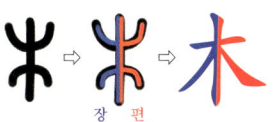
한자에 '爿'이 있으면 보통 '장'이나 '상'으로 읽으면 됩니다. '천하장사'의 장(壯: 장할 장), '장군'의 장(將: 장수 장), '체포 영장'의 장(狀:문서 장), '긴급 상황'의 상(狀: 형상 상) 등이 그렇습니다.

將 將 將 將 將 將 將 將 將 將 將 將

將

별에서 온 장군(將軍), 거란의 3차 침입을 막다

상인 商人 장사하는 사람.
사농공상 士農工商 '글 읽는 사람, 농사짓는 사람, 만드는 사람, 장사하는 사람'이라는 뜻으로 예전에 백성을 나누던 4가지 계급을 말함.

장사 상 11획

수염 난 남자가 두 팔을 벌리고 물건 사라고 외치며 장사하는 모습입니다.

국제 무역 시장의 아랍 상인(商人)

[1컷] 국제무역시장 — 중국, 일본 상인(商人)들처럼 우리도 얼른 장사하자. 물건 펼쳐!

[2컷] 자, 자, 여기 아랍에서 온 램프 있습니다. / 쓱쓱 문지르기만 하면 램프의 요정도 나옵니다.

[3컷] 아랍 상인(商人)들이 재밌는 걸 판다고 하니 구경 가 보세. / 그럴까요?

[4컷] 어서 오세요, 코리아 친구들~!

국명 國名 나라 이름.
지명 地名 '땅이나 땅 위에 있는 것들의 이름'이라는 뜻으로 땅, 마을, 지역 등의 이름.

이름 명 6획   각각 각(各)과 모양이 비슷하니 주의해야 합니다.

名 名 名 名 名 名

名

코리아

편지 便紙/片紙 소식을 전하는 종이.
안광지배 眼光紙背 '눈빛이 종이 뒤까지 본다'라는 뜻으로 책을 읽고 이해하는 능력이 뛰어남을 말함.

종이 지 10획

품질이 우수한 고려의 종이

서경 西京 평양의 옛 이름.
서구 西歐 '서쪽에 있는 유럽'이라는 뜻으로 주로 유럽과 북아메리카를 통틀어 이르는 말.

서녘 서 6획   넉 사(四)와 모양이 비슷하니 주의해야 합니다.

묘청의 서경(西京) 천도

한국사 韓國史 한국의 역사.
선사 시대 先史時代 '역사로 기록되기 전의 시대'라는 뜻으로 옛날의 제도나 문물을 아는 데 증거가 되는 자료나 기록이 문서로 남아 있지 않은 시대. 흔히 석기 시대와 청동기 시대를 말함.

역사 사 5획

중(中: 가운데 중)과 손 모양(⺕)으로 이루어진 역사 사(史)는 역사를 기록할 때는 그 누구의 편에도 서지 않고 중립(中立: 가운데 중, 설 립)적 자세를 가지고 써야 한다는 뜻입니다.

史 史 史 史 史

史							

《삼국사기》를 쓰는 김부식

신라 新羅 삼국 시대에 있었던 나라.
신석기 시대 新石器時代 '새로운 석기 시대'라는 뜻으로 구석기 시대와 달리 돌을 갈아서 잘 다듬어 사용하던 시대를 말함.

새로울 신 13획

新新新新新新新新新新新新新

新

신라(新羅) 중심의 《삼국사기》

한국사를 뭔가 획기적으로 잘 정리할 신선한 아이디어가 안 떠오르네.

고민 고민...

우리 역사라...

그렇지!

책 제목은 '삼국사기'로 하고, 내가 신라(新羅) 왕실의 후손이니까 신라(新羅)를 중심으로 써야겠다. 신라(新羅)가 삼국 통일을 이루기도 했고.

기술 技術 '재주와 꾀'라는 뜻으로 과학 이론을 적용하여 사물을 인간 생활에 유용하도록 가공하는 수단. 또는 무엇을 잘 다룰 수 있는 능력.

일인일기 一人一技 한 사람당 하나의 기술을 익힘.

재주 기 7획

技 技 技 技 技 技 技

技							

세계적인 도자기 기술(技術), 고려청자

무시 無視 '앞에 사람이 있는데 없는 듯 여기다'라는 뜻으로 사람을 깔보거나 업신여김을 뜻하는 말.
무죄 추정 無罪推定 죄가 있다는 확정 판결 전까지 일단 죄가 없는 것으로 인정해 주는 것.

없을 무 12획

무신들을 무시(無視)하는 왕

반란 反亂 반역하여 난리를 일으킴.
여반장 如反掌 '손바닥을 뒤집는 것과 같다'라는 뜻으로 어떤 일이 썩 쉬움을 이르는 말.

돌이킬/
뒤집을 반 4획

무신 반란(反亂) 성공

종자 種子 식물의 씨 또는 씨앗.
각종 各種 '각각의 종류'라는 뜻으로 여러 종류나 온갖 종류를 이르는 말.

씨/종류 종 14획

노비 만적 사건

강화도 江華島 서해안에 있는 큰 섬.
금수강산 錦繡江山 비단에 수를 놓은 것처럼 아름다운 우리 나라의 강과 산.

강 강 6획

江 江 江 江 江 江

江						

강화도(江華島)로 궁궐을 옮기다

결합 結合 여럿이 뭉침.

합리적 선택 合理的 選擇 '이론이나 이치에 맞게 선택하다'라는 뜻으로 가장 적은 비용으로 가장 좋은 것을 선택하는 것을 말함.

합할 합 6획

合 合 合 合 合 合

| 合 | | | | | | | |

처인성 전투

벌목 伐木 나무를 벰.
산천초목 山川草木 '산, 내, 풀, 나무'라는 뜻으로 '자연'을 일컫는 말.

나무 목 4획

지리산에서 벌목(伐木)하다

팔만대장경 八萬大藏經 부처의 힘으로 외적을 물리치기 위하여 고려 때 만든 불교 경전.

삼팔선 三八線 '삼십팔도선'의 줄임말. 위도가 38도가 되는 선으로 한반도의 중앙부를 가로지르고 있음.

↳ 가로는 위도, 세로는 경도입니다. 그러니 '가위세경(가위는 새것으로)'이라고 외우면 됩니다.

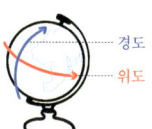

여덟 팔 2획

팔만대장경(八萬大藏經)을 만들다

화재 火災 불이 나는 재앙 또는 불로 인한 재난.
천재지변 天災地變 '하늘의 재앙과 땅의 재앙'이라는 뜻으로 지진, 홍수, 태풍 따위의 자연 현상으로 인한 재앙.

재앙 재 7획

화재(火災)로 불타는 고려의 문화재

결정 決定 '결단을 내어 마음을 정하다'라는 뜻으로 행동이나 태도를 분명히 정함.
가결 可決 '옳다고 결정하다'라는 뜻으로 회의에서 제출된 안을 합당하다고 결정함.

터질/결단할 결 7획

決決決決決決決

決

원종, 항복을 결정(決定)하다

특별 特別 보통과 구별되게 다름.
천차만별 千差萬別 '천 가지 차이와 만 가지의 다름'이라는 뜻으로 여러 가지 사물이 모두 차이가 있고 다양하다는 뜻.

나눌/다를 별 7획

끝까지 싸우는 삼별초

원 元 나라 1271년에 몽고 제국의 황제 쿠빌라이가 세운 나라. 자신이 세운 나라는 '그 어떤 나라보다 최고'라는 뜻에서 으뜸 원(元) 자를 사용했음.

국가 원수 國家元首 '국가의 으뜸과 머리'라는 뜻으로 '대통령'을 말함.

으뜸 원 4획

원(元)나라

강풍 強風 강하게 부는 바람.
풍전등화 風前燈火 '바람 앞의 등불'이라는 뜻으로 매우 위급한 순간.

바람 풍 9획

風風風風風風風風風

風

일본 정벌에 실패하는 고려·몽골 연합군

시조 始祖 '처음 조상'이라는 뜻으로 한 겨레나 가계의 맨 처음이 되는 조상.

진시황 秦始皇 중국 진(秦)나라의 1대 황제(기원전 259~기원전 210년). 중국의 임금을 '왕(王)'이라고 부르지 않고 처음으로 '황제'라는 말을 사용했기 때문에 '시황제'라고 부름.

처음 시 8획

일연, 우리 민족의 시조(始祖)를 알리다

일연이 《삼국사기》를 보고 있다.

우리 민족의 시조(始祖)인 단군 이야기가 빠졌군.

안 되겠어. 《삼국사기》에 빠진 내용이 너무 많아. 우리 민족의 시조(始祖) 단군 이야기를 써서 후손들에게 남겨야겠어.

책 제목은 '삼국유사', 좋잖아!

결혼 結婚 남녀가 정식으로 부부가 됨.

결초보은 結草報恩 '풀을 엮어 은혜를 갚는다'라는 뜻으로 은혜를 잊지 않고 갚을 때 사용하는 말.

→ 중국 춘추 시대에 진나라의 위과는 아버지가 죽자 당시의 관습을 깨고 아버지의 첩을 같이 무덤에 묻지 않았습니다. 오히려 다른 곳으로 시집가게 했지요. 그 뒤 그 여자의 아버지의 혼이 싸움터에 나타나 밤에 몰래 풀을 묶어 두었고, 낮이 되어 적이 묶인 풀에 걸려 넘어지면서 위과가 이기게 되었다는 이야기가 전합니다.

맺을 결 12획

노국 공주와 결혼(結婚)한 공민왕

충성 忠誠 진정한 마음에서 우러나는 정성. 특히 임금이나 국가에 대한 것을 이름.

충청도 忠淸道 '충주'와 '청주'의 앞 글자를 따서 만든 지역 이름.

충성 충 8획

忠 忠 忠 忠 忠 忠 忠 忠

忠							

충성(忠誠)을 거부하는 공민왕

방심 放心 마음을 놓음.
동족방뇨 凍足放尿 '언 발에 오줌 누기'라는 뜻으로 잠시 동안만 효력이 있을 뿐 효력이 바로 사라지는데도 그 순간만 해결하려는 행동.

놓을 방 8획

放 放 放 放 放 放 放 放

放

방심(放心)하는 원나라

홍건적 紅巾賊 '붉은 수건을 두른 도적'이라는 뜻으로 중국 원나라 말기에 활동하던 도둑의 무리.
홍삼 紅蔘 '붉은 인삼'이라는 뜻으로 수삼(말리지 않은 인삼)을 쪄서 말린 붉은 빛깔의 인삼.

붉을 홍 9획

紅 紅 紅 紅 紅 紅 紅 紅 紅

紅							

홍건적(紅巾賊)을 물리치다

의복 衣服 '옷과 옷'이라는 뜻으로 '옷'을 강조하기 위해 같은 뜻을 반복함.
호의호식 好衣好食 '좋은 옷과 좋은 음식'이라는 뜻으로 아주 잘 먹고 잘 지냄을 나타냄.

옷 의 6획

목화씨를 가져온 문익점

고려인들도 이런 면으로 된 의복(衣服)을 입으면 좋겠다. 목화씨를 올래 가져가야겠어.

3년 만에 성공했어. 이제 고려 백성들도 따뜻한 의복(衣服)을 입게 됐다!

목화 농사가 풍년이네요.

기온 氣溫 대기의 온도.
지구 온난화 地球溫暖化 '지구가 따뜻하게 변화하고 있다'라는 뜻으로 지구의 기온이 높아지는 현상.

따뜻할/익힐 온 13획

溫溫溫溫溫溫溫溫溫溫溫溫溫

溫

따뜻한 무명옷

기온(氣溫)이 뚝 떨어졌습니다.
추워지네.
추위에 대비해 몸을 따뜻하게……

이제는 목화로 만든 따뜻한 무명옷이 있어 다행이야.

추우니까 무명옷 입고 놀자.

어, 진짜 많이 춥네.
무명옷을 입어 봐. 이 정도 기온(氣溫)쯤이야.
헤헤

실패 失敗 일을 성공하지 못하고 망함.
소탐대실 小貪大失 '작은 것을 탐내다가 큰 것을 잃는다'라는 뜻으로 작은 이익에 욕심을 부리다 오히려 큰 손해를 보게 되는 어리석은 행동을 나타냄.

잃을 실 5획   화살 시(矢)와 모양이 비슷하니 주의해야 합니다.

失 失 失 失 失

失

실패(失敗)로 끝난 공민왕의 개혁

화약 火藥 가벼운 자극에 의해 순간적으로 파괴 따위의 작용을 하는 화합물.
화포 火砲 화약의 힘으로 탄환을 내쏘는 무기.

불 화 4획

최무선의 화약(火藥)

비행 飛行 공중을 날아다님.
혼비백산 魂飛魄散 '넋이 날아가고 넋이 흩어진다'라는 뜻으로 몹시 놀라 넋을 잃음을 이르는 말.

날/빠를 비 9획

화포로 왜구를 물리치다

대결 對決 '상대편과 이기고 짐을 결판내다'라는 뜻으로 승패를 가림을 이름.
절대 왕권 絕對王權 상대가 없을 정도로 비할 데 없는 왕의 권력.

대할/상대 대 14획

최영과 이성계의 대결(對決)

'스포츠 뉴스'입니다. 최영과 이성계가 팔씨름 대결(對決)을 하고 있는 경기장 연결합니다.

네, 최영 대(對) 이성계, 이성계 대(對) 최영의 팔씨름 대회가 열리고 있는 경기장입니다.

앗, 방금 이성계 장군이 일흔 살 넘은 최영 장군이 힘들어 보인다고 다음을 기약하며 오늘 경기를 접었습니다.

우측 右側 오른쪽.
우왕좌왕 右往左往 '오른쪽으로 갔다가 왼쪽으로 갔다 한다'라는 뜻으로 이리저리 왔다 갔다 하며 일이나 나아가는 방향을 종잡지 못함.

오른쪽 우 5획

右 右 右 右 右

우(右)군 도통사 이성계

위화도 威化島 압록강 하류에 있는 섬.
독도 獨島 경상북도 울릉군에 속하는 화산섬.

섬 도 10획

島 島 島 島 島 島 島 島 島 島

島

위화도(威化島)에 머무르는 이성계

169

회군 回軍 군대를 돌이켜 돌아감.
기사회생 起死回生 '죽음에서 일어나 삶으로 돌아가다'라는 뜻으로 거의 죽을 뻔하다가 도로 살아남.

돌아올 회 6획

위화도에서 회군(回軍)하는 이성계

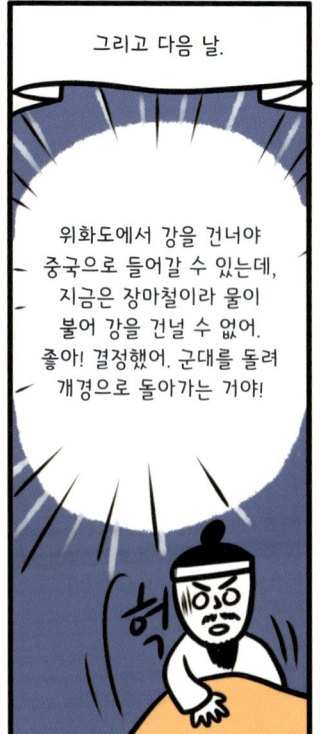

입구 入口 들어가는 통로.
입양 가족 入養家族 입양(친자식이 아니지만 자식으로 들이는 것)을 하여 이루어진 가족.

들 입 2획

돌아온 이성계

행동 行動 몸을 움직여 동작하거나 일을 함.
복지부동 伏地不動 '땅에 엎드려 움직이지 않는다'라는 뜻으로 해야 할 일을 하지 않고 몸을 사리는 경우를 말함.

움직일 동 11획

動 動 動 動 動 動 動 動 動 動 動

動							

왕의 행동(行動)을 감시하는 이성계

말세 末世 '끝 세상'이라는 뜻으로 정치, 도덕, 풍속 등이 망가진 세상.
말복 末伏 세시 풍속 가운데 하나로 무더운 여름날을 셋으로 나눈 가운데 마지막 복날.

끝 말 5획   아닐 미(未)와 모양이 비슷하니 주의해야 합니다.

末 末 末 末 末

망해 가는 고려

수도 首都 '머리가 되는 도시'라는 뜻으로 나라의 중심이 되는 도시.

학수고대 鶴首苦待 '학처럼 머리를 빼고 기다린다'라는 뜻으로 무엇을 몹시 기다림.

머리 수 9획

수도(首都)를 한양으로 옮기다

안녕하십니까, 시청자 여러분. 조선 개국을 기념해 태조 이성계 왕이 수도(首都)를 한양으로 옮긴다는 소식입니다.

고려 500년을 함께한 개경을 떠나려니 마음이 좀 그렇군.

난 새로운 수도(首都) 한양이 기대돼.

포장 이사 전문
사계 이사 080-×××

나도 얼른 한양으로 이사 갈 준비를 해야지.

계획 計劃 일을 하기 전 미리 생각하여 틀을 세움.
가계 家計 '한 집안의 계산'이라는 뜻으로 한 집안에서 벌어들인 것과 사용한 것을 말함. 또는 소비의 주체로 일반적인 '가정'을 이르는 말.

**셀/
계산할 계** 9획

計 計 計 計 計 計 計 計 計

計							

한양을 설계하다

경복궁 景福宮 광화문을 정문으로 하는 조선 제일의 궁궐.
구중궁궐 九重宮闕 '아홉 겹의 담으로 겹겹이 둘러싸인 아주 깊은 궁궐'이라는 뜻으로 왕이 사는 대궐을 말함.

집 궁 10획

宮 宮 宮 宮 宮 宮 宮 宮 宮 宮

宮							

경복궁(景福宮)

광화문 光化門 경복궁의 정문.
관광 觀光 '경치를 보다'라는 뜻으로 다른 지방이나 다른 나라를 구경함.

빛/경치 광 6획

光 光 光 光 光 光

光							

광화문(光化門)

시장 市場 물건을 사고파는 장소.
문전성시 門前成市 '문 앞이 시장을 이루다'라는 뜻으로 찾아오는 사람들이 많은 경우를 나타냄. 예를 들면 장사가 잘되는 상점 앞에 많은 사람들이 서 있을 때 이 말을 사용함.

시장 시 5획

市 市 市 市 市

市							

사람들로 북적이는 시장(市場)

종로 鐘路 서울특별시 광화문 네거리에서 동대문에 이르는 큰 거리.
항로 航路 '배가 지나다니는 길'이라는 뜻인데 지금은 비행기까지 포함하여 말함.

길 로 13획

路路路路路路路路路路路路

路

구름처럼 사람이 모이는 종로(鐘路)

川

내 천 3획

청계천 淸溪川 서울의 종로구와 중구의 경계를 흐르는 하천.
주야장천 晝夜長川 '낮이나 밤이나 흐르는 긴 내'라는 뜻으로 밤낮으로 쉬지 아니하고 계속됨을 나타냄.

흘러가는 물을 둘로 나누면 내 천(川)과 내 천(巛)이 됩니다. 천(巛)이 들어간 글자로는 돌 순(巡), 재앙 재(災)가 있습니다. 재앙 재(災)는 내 천(巛)과 불 화(火)로 이루어져 있습니다. 내(巛)가 불어 홍수가 나거나 불(火)이 나면 많은 사람들이 다치기도 하고 죽기도 하는데 이것을 '재앙(災殃)'이라고 합니다.

川 川 川

川							

청계천(淸溪川)

대도 大刀 큰 칼 또는 긴 칼.
집도 執刀 '칼을 잡다'라는 뜻으로 수술이나 해부를 하려고 수술칼을 잡는 것을 나타냄.

칼 도 2획   힘 력(力)과 모양이 비슷하니 주의해야 합니다.

칼로 위협하는 이방원

등장 登場 '장소에 나타나다'라는 뜻으로 새로운 제품이나 현상, 인물 등이 모습을 보이는 것을 말함.
인재등용 人材登用 어떤 일을 할 수 있는 능력을 갖춘 사람을 뽑아 벼슬을 시킴.

오를 등 12획

조선 3대 임금이 된 이방원

인재 人材 '사람 중에 쓸 만한 재목'이라는 뜻으로 어떤 일을 할 수 있는 학식이나 능력을 갖춘 사람.

소재 素材 '어떤 것을 만드는 데 바탕이 되는 재료'라는 뜻으로 문학 작품에서는 '글감'이라고도 함.

재목 재 7획

재목 재(材) = 나무 목(木) + 재주 재(才)입니다. 따라서 재주가 있어 쓸 만한 나무를 '재목'이라고 합니다.

材 材 材 材 材 材 材

材

인재(人材), 황희를 등용하다

독서 讀書 책을 읽음.
독서삼도 讀書三到 '책을 읽을 때는 3가지가 필요하다'라는 뜻으로 입으로 다른 말을 않고, 눈으로 다른 것을 보지 않고, 마음으로 깊이 새겨야 함을 이르는 말.

글 서 10획

書書書書書書書書書書

書								

독서(讀書)에 빠진 세종(충령 대군)

음, 셋째 충령 대군이 이 시간까지 독서(讀書)를 하고 있구나.

조선의 미래를 생각해 날마다 놀기만 하는 첫째 말고 독서(讀書)를 좋아하는 셋째에게 조선의 왕 자리를 물려줘야겠는데.

오늘부터 셋째 충녕 대군을 세자로 임명한다.

자, 이 책은 왕이 되려면 반드시 읽어야 하는 필독서이니라.

성은이 망극하옵니다.

세종 世宗 조선 4대 임금. 한글을 창제하고, 과학 기술 발전을 도모했으며, 조선 땅을 넓히는 등 많은 업적을 남김.
세계화 世界化 세계 여러 나라를 이해하고 받아들임. 또는 그렇게 되게 함.

세상 세 5획

世 世 世 世 世

世							

조선 4대 임금 세종(世宗)

집합 集合 '모아서 합하다'라는 뜻으로 사람들을 한곳으로 모으거나 모임.

집대성 集大成 '모아 크게 이루다'라는 뜻으로 여러 가지를 모아 하나의 체계를 이루어 완성함.

모일 집 12획

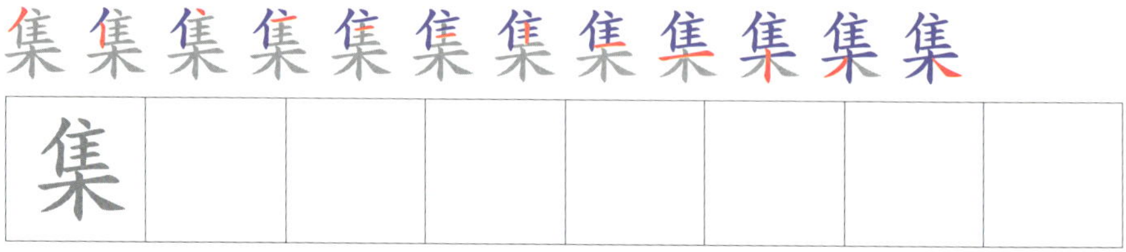

集 集 集 集 集 集 集 集 集 集 集 集

集

인재들, 집합(集合)!

인재들은 집현전 앞으로 집합(集合)하라!

왜 집합(集合)을 시키시는 거지?

웅성 웅성

성삼문 / 정인지

오늘부터 여기 집현전에서 한글을 연구하시오.

집현전 / 세종

우리 글자를 만드시겠다니, 성은이 망극하옵니다.

성삼문 / 정인지

위대 偉大 '훌륭하고 크다'라는 뜻으로 마음이나 생각, 능력, 업적 따위가 뛰어나고 훌륭함.

위인전 偉人傳 훌륭한 사람의 업적과 삶을 적은 글 또는 그런 책.

뛰어날 위 11획

偉 偉 偉 偉 偉 偉 偉 偉 偉 偉

偉									

위대(偉大)한 한글을 만들다

호랑 虎狼 **이** 고양잇과의 포유류.
호사유피 虎死留皮 '호랑이는 죽어서 가죽을 남긴다'라는 뜻으로 사람도 좋은 일을 많이 하고 업적을 이루어 이름을 남겨야 한다는 말.

범 호 8획

虎 虎 虎 虎 虎 虎 虎 虎

虎							

호랑(虎狼)이 모양의 한반도 지도

발명 發明 없던 기술이나 물건을 새로 생각하여 만들어 냄.
남발 濫發 '넘치게 발행하다'라는 뜻으로 법령이나 지폐 등을 마구 공포하거나 발행함. 또는 어떤 말이나 행동 따위를 자꾸 함부로 함.

필 발 12획

發 發 發 發 發 發 發 發 發 發 發 發

發							

발명(發明)왕 장영실

삼촌 三寸 아버지의 형제를 부르는 말.

촌철살인 寸鐵殺人 '한 치(약 3cm)밖에 안 되는 쇠붙이로도 사람을 죽일 수 있다'라는 뜻으로 말 한마디로도 남을 감동시키거나 남의 약점을 찌를 수 있음을 이르는 말.

마디/촌수 촌(寸)의 ㆍ은 어느 위치를 나타냅니다 여기서는 맥이 뛰는 곳입니다. 옛날에는 길이를 표시할 때 손목에서 맥이 뛰는 자리까지를 기본 길이로 사용했습니다. 한편 '세 치의 혀로 함부로 말하지 마라(말조심하라는 뜻)'에서처럼 촌(寸)을 우리말로 '치'라고 부르기도 합니다.

마디/촌수 촌 3획

단종의 삼촌(三寸) 수양 대군, 왕이 되다

사육신 死六臣 단종의 복위를 꾀하다가 처형된 6명의 충신.
육대주 六大洲 '6개의 큰 땅'이라는 뜻으로 아시아, 아프리카, 유럽, 북아메리카, 남아메리카, 오세아니아를 말함.

여섯 류/육 4획

사육신(死六臣) 사건

폭력 暴力 사나운 힘.
자포자기 自暴自棄 '자신을 업신여기고 자신을 버리다'라는 뜻으로 절망에 빠져 자신을 스스로 포기하고 돌아보지 아니함. 줄여서 '포기'라고 함.

사나울 폭/포 15획

暴 暴 暴 暴 暴 暴 暴 暴 暴 暴 暴 暴 暴 暴 暴

暴							

폭력(暴力) 군주, 연산군을 쫓아내다

사림 士林 유학을 배우며 믿고 받드는 선비들.
의사 義士 나라와 민족을 위하여 제 몸을 바쳐 일한 의로운 사람.

선비 사 3획   흙 토(土)와 모양이 비슷하니 주의해야 합니다.

사림(士林)

성리학 性理學 사람의 본성과 우주의 원리를 탐구하는 학문.
양성평등 兩性平等 '두 성이 평등하다'라는 뜻으로 양쪽 성별에 권리, 의무, 자격 등이 차별 없이 고르고 한결같음.

성품/성별 성 8획

性 性 性 性 性 性 性 性

性							

성리학(性理學)

오늘은 한국의 지폐 모델이신 이황, 이이 선생님을 모시고 성리학(性理學)에 대해 알아봅시다.

1000원 지폐 모델 이황입니다. 성리학(性理學)은 남성과 여성에 관한 학문이 아닙니다.

안녕하십니까? 5000원 지폐 모델 이이입니다. 성리학(性理學)은 세상의 원리와 사람의 본성을 연구하는 학문이지요.

아, 어렵군요. 다음에 또 출연하셔서 좀 더 자세히 설명해 주십시오.

……

난리 亂離 '세상이 어지럽고 시끄럽다'라는 뜻으로 전쟁을 말함. 또는 작은 소동을 비유적으로 이르는 말.
임진왜란 壬辰倭亂 조선 선조 25년(1592년), 임진년에 일본이 일으킨 난리.

난리 란/난 13획

亂 亂 亂 亂 亂 亂 亂 亂 亂 亂 亂 亂

亂							

임진왜란(壬辰倭亂)

의병 義兵 외적의 침입을 물리치기 위하여 백성들이 자발적으로 조직한 군대.
견리사의 見利思義 이익을 보거든 먼저 올바른지를 생각하라는 뜻.

옳을 의 13획

의병(義兵)이 일어나다

조선이 일본에게 당하는 걸 보고만 있을 순 없다! 내 가족, 내 마을, 내 나라는 내가 지킨다! 우리는 비록 군인은 아니지만 의로운 병사, 즉 '의병(義兵)'이니 자부심을 갖고 끝까지 싸우자!

곽재우

의병들
와 와

나라가 위급한데 승려라고 가만히 있을쏘냐? 300년 뒤에는 우리 의병(義兵) 정신을 이어받은 안중근 의사도 일본에 맞서 싸울 것이다. 그러니 후손들에게 부끄럽지 않게 끝까지 싸우자!

사명 대사

승병들
와 와

수영 水泳 물속을 헤엄치는 일.
수질 水質 물의 성질 또는 물의 품질.

물 수 4획

水 水 水 水

바다를 지키다

선장 船長 배의 우두머리.

각선구검 刻船求劍 '각주구검(刻舟求劍)'과 같은 말. '배에 칼이 빠진 위치를 새겨 두고 나중에 그 칼을 찾는다'라는 뜻으로 융통성 없이 현실에 맞지 않는 낡은 생각을 고집하는 어리석음을 이르는 말.

배 선 11획

거북선(船)

오얏나무 리/이, 성씨 이 7획

이순신 李舜臣 조선 선조 때의 장군(1545~1598년)으로 임진왜란이 일어나자 한산도에서 왜적을 무찌르는 등 많은 공을 세워 삼도 수군통제사가 되었음.

이충무공 李忠武公 '충무공'은 이순신의 시호(죽은 뒤에 공덕을 기려 나라에서 붙인 이름)로 이순신의 성과 시호를 함께 이르는 말.

李李李李李李李

이순신(李舜臣) 장군

울 명 14획

명량 鳴梁 해전 명량(鳴梁)은 전라남도 해남군 화원반도와 진도 사이에 있는 좁은 해협으로 '울돌목'이라고도 부름. 임진왜란 때 이순신 장군이 이곳에서 왜적의 배를 쳐부수고 승리한 전투.

고장난명 孤掌難鳴 '외손뼉만으로는 소리가 울리기 어렵다'라는 뜻으로 혼자 힘만으로 어떤 일을 이루기 어려움 또는 한쪽이 상대하지 않으면 싸움이 일어나지 않음을 이르는 말.

鳴 鳴 鳴 鳴 鳴 鳴 鳴 鳴 鳴 鳴 鳴 鳴 鳴 鳴

鳴							

명량(鳴梁) 해전

흉악 凶惡 음흉하고 악함.
흉탄 凶彈 흉악한 사람이 쏜 탄알.

흉할 흉 4획

흉탄(凶彈)을 맞은 이순신 장군의 죽음

문화재 文化財 문화적 가치가 있는 유형·무형의 것들.
천변만화 千變萬化 '천 가지로 바뀌고 만 가지로 변화한다'라는 뜻으로 끝없이 변화함을 이르는 말.

될 화 4획

化化化化

化							

불타고 빼앗긴 우리 문화재(文化財)

임진왜란이 끝나고, 우리 소중한 문화재(文化財)는 불타거나

적에게 빼앗겼다.

임진왜란을 일으킨 도요토미 히데요시가 죽고, 일본의 권력자가 바뀌었으며,

중국은 명나라에서 청나라로 바뀌는 등 국제 정세가 매우 많이 변하였다.

청!

病

병원 病院 병을 진찰하고 치료하는 데 필요한 설비를 갖추어 놓은 곳.
상사병 相思病 남녀가 서로를 너무 그리워하여 생기는 마음의 병.

병 병 10획

몸이 아파 땀(丶)이 나서 집(广)에서 베개(一)를 베고 이불(冂) 덮고 있는 사람(人)의 모습입니다.

病病病病病病病病病病

病

허준의 《동의보감》

얘야, 많이 아프니? 얼른 병원(病院) 가자.

……

병명은……, 음……, 잠깐만요, 책을 보고 말씀드리리다.

《동의보감》에 따르면, 아무래도 꾀병인 듯합니다.

아, 그 유명한 허준의 《동의보감》!

신하 臣下 임금을 섬기어 벼슬하는 사람.
군신유의 君臣有義 유학에서 사람이 지켜야 할 5가지 도리인 '오륜'의 하나로 임금과 신하는 서로 의리가 있어야 함을 이르는 말.

신하 신 6획 클 거(巨)와 모양이 비슷하니 주의해야 합니다.

청나라의 침입

북 北 쪽 방위의 한 곳.
북벌 北伐 북쪽에 있는 중국 청나라를 정벌함.

**북녘 북/
달아날 배** 5획

北(북) = (🚶사람) + (🚶사람)인데, 서로 등을 대고 있는 모습으로 둘 사이가 어둡다는 뜻입니다. 따라서 햇빛이 안 드는 북쪽 방향은 어둡기 때문에 '북쪽'을 표현하는 한자로 사용했습니다. 또 등을 지고 달아나는 모습이기도 해서 '달아나다, 도망가다'라는 뜻도 있습니다.

北 北 北 北 北

北							

효종의 북벌(北伐) 정책

평등 平等 권리, 의무, 자격 등이 치우치지 않고 한결같음.
만사태평 萬事太平 '만 가지의 일이 크게 평화롭다'라는 뜻으로 모든 일에 아무 걱정 없이 지내는 것을 비웃을 때 쓰거나 모든 일이 잘되고 있음을 나타내는 말.

평평할/
공평할 평 5획

평등(平等)하게 쓰다

어디 쓸 만한 인재 없소?

우리 편 사람이 인재이지요.

무슨 소리! 우리 편 사람이 더 인재예요.

……

그만, 평등(平等)하게 한 번씩 쓰겠다.

안녕하십니까, 시청자 여러분.
영조 임금이 인재를 평등(平等)하게 채용하는 탕평책을 실시한다고 합니다.
조선에서는 가히 획기적인 일입니다.
기대가 됩니다.

바를 정 5획

공정 公正 공평하고 올바름.
개정 改正 '고치고 바로잡다'라는 뜻으로 주로 문서의 내용 따위를 고쳐 바르게 함.

바를 정(正) = 하나 일(一) + 그칠/발 지(止)로 이루어져 있습니다. 一(일)은 숫자 1이고, 止(지)는 사람의 발(止)을 나타냅니다. 따라서 정(正)은 '첫 번째(一) 걸음(止)'이 됩니다. 첫 단추를 잘 끼워야 옷을 바르게 입을 수 있듯이 첫(一)걸음(止)을 잘 떼어야 바른 자세로 걷게 된다는 뜻이 담겨 있습니다.

正 正 正 正 正

正					

공정(公正)한 임금, 정조

화가 畫家 그림 그리는 것을 업으로 하는 사람.
화사첨족 畫蛇添足 '뱀을 그리고 발을 더한다'라는 뜻으로 쓸데없는 군짓을 하여 도리어 잘못되게 함을 이르는 말. 줄여서 '사족(蛇足)'이라고 함.

그림 화 12획   낮 주(晝)와 모양이 비슷하니 주의해야 합니다.

畫 畫 畫 畫 畫 畫 畫 畫 畫 畫 畫 畫

畫

화가(畫家) 김홍도

실학 實學 현실 생활에 도움을 주는 학문.
실명 實名 현실에서 사용하는 진짜 이름.

열매/진실/현실 실 14획

꽃피는 실학(實學)

거중기 擧重機 예전에 무거운 물건을 들어 올리는 데 쓰던 기계.

애지중지 愛之重之 그것(사람 또는 물건)을 매우 사랑하고 그 것을 소중히 여기는 모양.

무거울/거듭 중 9획

거중기(擧重機)와 수원 화성

정조 임금께서 유네스코 세계 유산에 등재될 만큼 멋진 성을 지으라 하셨다. 열심히 하자!

이 무거운 돌을 어떻게 사람이 들어 올린담?

내가 만든 거중기(擧重機)를 이용해 보게.

거중기(擧重機)가 뭐랍니까?

무거운 물건을 쉽게 들어 올릴 수 있는 기계야. 자, 설명서.

공간 空間 아무것도 없는 빈 곳.
공상 空想 '빈 생각'이라는 뜻으로 실현될 가망이 없는 것을 상상하는 것을 말함.

텅 빌/하늘 공 8획

空 空 空 空 空 空 空 空

空							

조선의 신도시 수원

행차 行次 웃어른이나 임금이 집을 벗어나 길을 나섬.
금의야행 錦衣夜行 비단옷을 입고 밤길을 다니면 깜깜해서 그 좋은 옷을 알아볼 수 없듯이 아무도 알아주지 않는 행동을 할 때 쓰는 말.

다닐 행 6획

行行行行行行

行						

정조, 수원성으로 행차(行次)하다

농사 農事 '농사짓는 일'이라는 뜻으로 씨나 모종을 심어 기르고 거두는 일.
농경 사회 農耕社會 논밭을 갈아 농사를 짓고 살던 사회.

농사 농 13획

農農農農農農農農農農農農農

農							

농사(農事) 방법이 크게 변하다

요즘 농사(農事)를 색다르게 짓는다고 하던데, 알아?

아! 모판을 이용해 씨를 뿌리고 적당히 자라면 논에다 옮겨 심는 방법?

나도 얼른 배워야겠구먼.

'조선의 농부'라는 사이트에 들어가면 농사(農事) 관련 동영상이 많아.

오일장 五日場 5일에 한 번씩 열리는 시장.
오십보백보 五十步百步 '전쟁에서 오십 걸음을 도망간 자가 백 걸음 도망간 사람을 비웃다'라는 뜻. 즉, 조금 낫고 못한 차이는 있지만 본질적으로 도망갔다는 사실은 모두 같으므로 크게 보아 차이가 없음을 나타내는 말.

다섯 오 4획

오일장(五日場)

유행 流行 널리 퍼짐.
한류 韓流 드라마, 음악 등 대한민국의 대중문화가 외국에서 유행하는 현상을 말함.

흐를 류/유 10획

流流流流流流流流流流

流

얼쑤, 유행(流行)하는 탈춤

이제 밥도 먹었으니 우리 탈춤 구경 가요, 네?

요즘 유행(流行)하는 탈춤이 뭐지?

〈양반이 별거냐?〉가 유행(流行)이래요.

그래? 요즘 탈춤도 한류(韓流) 바람을 타서 인기가 많다고 하던데, 얼른 가 보자.

득음 得音 '소리를 얻다'라는 뜻으로 노래 솜씨가 뛰어난 경지에 도달함.

지음 知音 '소리를 안다'라는 뜻. 마음이 통하는 친구의 거문고 연주 소리를 듣고 그 사람이 무슨 생각으로 연주하는지까지 알아맞힐 정도였다는 중국의 고사에서 유래함. 이후 '자신의 속마음까지 알아주는 친구'라는 뜻으로 사용됨.

소리 음 9획

音 音 音 音 音 音 音 音 音

音

득음(得音)

저 소리꾼이 득음(得音)을 했다고 하니 잘 들어 보렴.

득음(得音)이 뭔데요?

'소리를 얻다'라는 말인데, 음악이나 노래가 최고 경지에 이르렀다는 뜻이야.

그러고 보니 저 소리꾼의 〈심청가〉가 아주 감동적이에요.

문자도 文字圖 '문자를 표현한 그림'이라는 뜻으로 한자를 그림으로 표현한 것.
문헌 文獻 '글로 나타낸 것'이라는 뜻으로 어떤 것을 아는 데 증거가 되는 자료나 기록.

글 문 4획

文 文 文 文

文							

문자도(文字圖)

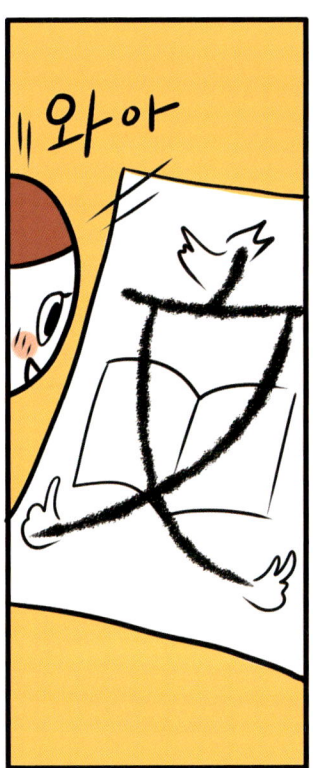

전기수 傳奇叟 '신기한 이야기를 전달해 주는 할아버지'라는 뜻으로 예전에 이야기책을 전문적으로 읽어 주던 사람.
이심전심 以心傳心 '마음으로 마음을 전달한다'라는 뜻으로 말을 하지 않아도 서로 마음이 통하는 경우에 사용함.

전할 전 13획

傳 傳 傳 傳 傳 傳 傳 傳 傳 傳 傳 傳

傳						

조선 후기의 이야기꾼 전기수(傳奇叟)

개항 開港 '항구를 연다'라는 뜻으로 외국과 무역하는 것을 말함.
개화 開化 '열리면서 변화한다'라는 뜻으로 사람의 지혜가 발전함. 또는 조선 시대 때 서양의 문물을 받아들여 나라를 변화시킨 일을 말함.

열 개 12획   들을 문(聞)과 모양이 비슷하니 주의해야 합니다.

開 開 開 開 開 開 開 開 開 開 開 開 開

開							

닫혀 있던 조선, 개항(開港)하다

대한민국 大韓民國 우리나라 이름.
대기만성 大器晚成 '큰 그릇은 늦게 이루어진다'라는 뜻으로 크게 될 사람은 고난을 겪고 늦게 성공한다는 말.

큰 대 3획

우리나라, 대한민국(大韓民國)!

서구 열강의 간섭과 일본의 침략으로 날마다 시달리는 조선.

이제 제발 그만 쳐들어오라고!

이후 조선은 대한(大韓) 제국으로 이름을 바꾸지만, 결국 일본에 나라를 빼앗기고 말았다.

이제부터 한반도는 내가 관리하게스무니다.

1945년 해방되지만, 1948년 남쪽과 북쪽에 각각의 정부가 수립되어 한반도에 두 개의 정부가 서게 된다. 이후 1950년 남과 북이 적이 되어 싸우는 한국 전쟁까지 벌어진다.

그럼에도 대한민국(大韓民國)은 지금까지 꾸준히 경제 발전과 민주주의 발전을 이루어 가고 있다.

곧 통일이 될 수도 있겠어!

• 일러두기
이 책의 만화에 나오는 한반도 역사 이야기는 역사의 큰 줄기를 기본으로 했고, 세세한 부분은 작가의 상상력과 판타지를 결합시킨 이야기입니다.

글쓴이 김기만
성균관대학교 사범대학에서 한문교육을, 상명대학교 대학원에서 일반사회를 전공하였습니다. EBS 중학교 한문과 EBS 대학수학능력시험 한문을 검수·검토했습니다. EBS 주관 대학수학능력시험형 문항 출제 전문성 향상을 위한 연수 프로그램을 수료하고, 교육부 주관 2015년 개정 교육과정 교수-학습 자료 개발에 참여하는 등 한문 교육에 힘을 쏟고 있습니다. 쓴 책으로는 2013년 문화체육관광부 우수 교양 도서로 선정된 《한자로 보는 서울, 서울에서 배우는 한자》가 있습니다. 오늘도 경기도의 한 고등학교에서 학생들을 가르치며 어려운 한자를 다이내믹한 모형을 활용해 쉽게 설명하는 방법을 고민하고 있습니다.

그린이 김소희
시각디자인을 전공했습니다. 《다음 세대를 위한 북한 안내서》, 《세상에서 가장 슬픈 여행자, 난민》, 《동계 올림픽 완전 대백과》, 《어린이 대학, 생물》, 《지구를 구하는 발명책》 등 여러 어린이 책에 그림을 그렸고, 월간 〈함께 사는 길〉, 〈어린이 동산〉에 만화를 연재했습니다. 북한산 자락이 보이는 서울의 한 동네에서 고양이들과 먹고 마시며 그림을 그리고 있습니다.

초등 한자 만점의 신

2018년 12월 20일 1판 1쇄

글쓴이: 김기만 | 그린이: 김소희

편집: 최일주, 이혜정, 김인혜 | 디자인: 권소연 | 교정: 한지연
제작: 박홍기 | 마케팅: 이병규, 이민정, 최다은

인쇄: 코리아피앤피 | 제책: 책다움

펴낸이: 강맑실 | 펴낸곳: (주)사계절출판사 | 등록: 제406-2003-034호 | 주소: (우)10881 경기도 파주시 회동길 252 | 전화: 031)955-8588, 8558 | 전송: 마케팅부 031)955-8595 편집부 031)955-8596 | 홈페이지: www.sakyejul.co.kr | 전자우편: skj@sakyejul.co.kr | 페이스북: facebook.com/sakyejul | 트위터: twitter.com/sakyejul

ⓒ 김기만, 김소희 2018

6쪽 '중국 갑골문' 사진 출처: 위키미디어 공용

값은 뒤표지에 적혀 있습니다. 잘못 만든 책은 구입하신 서점에서 바꾸어 드립니다.
사계절출판사는 성장의 의미를 생각합니다. 사계절출판사는 독자 여러분의 의견에 늘 귀 기울이고 있습니다.
이 책은 저작권법에 따라 보호받는 저작물이므로 무단전재와 무단복제를 금합니다.

ISBN 979-11-6094-418-1 73710
ISBN 979-11-6094-424-2 (세트)

이 도서의 국립중앙도서관 출판예정도서목록(CIP)은 서지정보유통지원시스템홈페이지(http://seoji.nl.go.kr)에서 이용할 수 있습니다. CIP 제어 번호: CIP2018040102